AF796815

PRÓLOGO I

Mucha gente hoy en día busca las muchas maneras y guías de cómo llevar a cabo cualquier actividad de la vida diaria.

La tecnología se presta como herramienta para hacer uso de guías y manuales de adiestramiento.

Dentro de nuestra vida diaria existen luchas de tipo espiritual. Las cuales tienen un transfondo que definitivamente tenemos que enfrentar. Lamentablemente sólo una mínima parte del pueblo de Dios está preparada e inquiere en la búsqueda de los recursos que le ayuden a enfrentar sus batallas de tipo espiritual.

Recordemos el principio establecido por el mismo Señor Jesucristo cuando le toco primeramente equipar a sus discípulos, luego soplo sobre ellos a manera de impartición habilitándolos para el desempeño de su labor y luego los envío una vez ya completa la misión de preparación durante su ministerio acá en la tierra.

Éste libro recopila el estudio minucioso y la revelación de parte de Dios que ha sido inspirada a la vida del apóstol Mario Rivera,

LIBRO 2: EDICIÓN MINISTERIAL

LA LIBERACIÓN INTEGRAL FAMILIAR

SERIE: EQUIPAMIENTO INTEGRAL PARA COMBATIENTES DE LIBERACION

DR. MARIO H. RIVERA

PASTORA LUZ RIVERA

Publicado por
LAC Publications

Primera Edición 2018

ISBN 978-0-692-08384-0

Diseño de la portada: JUAN LUQUE

Impreso en USA (Printed in USA)
Categoría: Guerra Espiritual

Índice

todo ello con el propósito de dejar plasmadas las formas y estrategias que se pueden utilizar para enfrentar batallas que tienen mucho tiempo de estorbar al pueblo de Dios.

Si usted ha sido un fiel seguidor de las enseñanzas apostólicas reveladas al siervo de Dios, seguramente se habrá preguntado más de alguna vez "donde puedo agenciarme de la continuación de tal tema el cual se impartió desde el púlpito, cierto día de servicio pero parece haber quedado aparentemente inconcluso"?
Permítame decirle que cada una de las enseñanzas apostólicas con el propósito de equipar al pueblo de Dios tienen una continuidad, y si no quedó plasmada desde el púlpito, muchas de ellas las encontrara en alguno de los títulos literarios que como este, compendio completo del 2do Equipamiento integral de combatientes de Liberación que mi padre espiritual y Apóstol Mario Rivera ha escrito. Hoy como enfoque principal la Liberación integral familiar.

Dios nos lleva hasta nuestro destino por medio de conexiones divinas. En mi caso personal puedo decir que junto a mi padre espiritual desde mis inicios como oveja he conocido y alcanzado no todo, pero si mejores niveles de vida espiritual y madurez por medio de recibir la enseñanza y formación del equipamiento como un combatiente de liberación, de tal manera hoy como Maestro de orden Primario doy fe pues he aprendido a escudriñar, vivir, practicar y enseñar de estos principios por lo tanto con certeza digo que Dios tiene planes de prosperidad y no de calamidad para todo aquel que busca con ahínco la verdad que liberta.

Los equipamientos de combatientes de Liberación recopilan tópicos específicos que enfocan la problemática existente en los hogares del pueblo santo que busca hacer la voluntad de Dios. Llevan un vocabulario y esencia de tipo Militar con base en las escrituras para mantener vivo un espíritu combatiente que recuerde constantemente que durante la vida de un creyente como soldado es mejor "Rodar mil gotas de sudor en el Equipamiento que rodar una de sangre en el campo de batalla"
La lectura de esta obra sin lugar a dudas se refiere mucho a la familia como parte de un diseño original, el cual el enemigo de nuestras almas ha querido trastocar desde siempre.

Si usted anhela una liberación integral familiar que abarque su vida personal, su vida conyugal junto a su pareja, sus hijos, es decir su casa por completo; tenga la plena seguridad que Dios tiene de antemano para mostrarle algo grande

qué será de beneficio para su vida espiritual de aquí en adelante. Y así continuar en la preparación como novia que estará lista muy pronto para el arrebatamiento y las tan anheladas bodas del Cordero.
Si usted es un siervo de Dios que también anhela lo anterior y la bendición ministerial, reciba hoy de gracia lo que Dios de gracia ya ha regalado.

Adelante Combatientes

Maestro
Yeovanni Alvarez
Llamados a Conquistar
Ministerios Ebenezer Oregon

INTRODUCCIÓN

La liberación integral familiar es un aspecto muy importante que debemos considerar para poder gozar a plenitud una vida en abundancia que Dios no ha prometido por medio de su palabra. El término "Integral" se refiera a mantener el ser tripartito con un común denominador: el cuerpo preparado físicamente gozando de buena salud, el alma con buen intelecto y conocimiento que en conjunto ayudan al espíritu a la supervivencia e intuición. Esta condición se puede definir como un INTEGRITA. Caso contrario ejemplo: una casa dividida no puede prevalecer.

Por esta razón el enemigo conociendo de ciertos principios de tipo espiritual tratara de mantener división dentro de las familias, aun afectando el vínculo de tipo genético, ya que si no puede afectar a una vida, tratara de afectar a sus descendientes.

Las interrogantes que surgen son: porque en la familia se repiten patrones negativos que ocurrieron en familiares ya desaparecidos? "Mi hijo no tuvo los mismos problemas pero mi nieto si" en fin existen varias preguntas que muchas veces se quedan sin respuesta. La realidad es que se ven los mismos receptores visitando a otros miembros de las familias, espíritus cíclicos que buscaran otro miembro de la familia para poder nuevamente habitar.

Entonces el principio es que "la liberación debe ser integral familiar para que el espíritu no encuentre otro miembro donde habitar."

Recordemos que el principio de una ley se emite porque existen los considerandos.

Uno de los objetivos de este libro es hacer conciencia de la importancia de identificar los males existentes dentro de una familia, aprender a encararlos y no encubrirlos para evitar que nuestras casas no caigan bajo la influencia de un síndrome de la casa cíclica, como un lugar donde se repitan los mismos males una y otra vez.

Veamos como un ejemplo el diseño del primer hogar que Dios hizo para el hombre, un huerto, lugar de delicias, una fuente de vida, puerta del cielo, un ambiente para el hombre y así poder tener acceso a la dimensión espiritual que significaría constante comunión con Dios. Este es el modelo del hogar que debemos anhelar como hijos de Dios.

Como padres responsables nos corresponde jugar un papel importante en alcanzar ese nivel de Liberación integral que incluya toda nuestra casa y así nuestras descendencias puedan evitar pasar por el sufrimiento de males que hoy podemos erradicar para siempre.

CAPÍTULO 1

LA LIBERACIÓN INTEGRAL FAMILIAR

Aunque Antes de iniciar con el desarrollo propiamente de esta enseñanza, considero necesario describir lo que significa equipamiento integral, porque viendo la historia bíblica de nuestro Señor Jesucristo en Su ministerio; no envió a ninguno de sus discípulos a confrontar las estructuras espirituales solamente por impartición, sino que la Biblia nos deja ver que el Señor entrenó a Sus discípulos durante tres años y medio, y cuando El consideró que aquel grupo de varones estaban preparados para una labor como esa, entonces sopló sobre ellos y los delegó en esa tarea; ¿de dónde obtengo eso?:

Mateo 10:1 LBA

Entonces llamando a sus doce discípulos, Jesús les dio poder sobre los espíritus inmundos para expulsarlos y para sanar toda enfermedad y toda dolencia.

Entonces nadie sale por impartición, sino por equipamiento, ¿por qué?, porque una de las entidades que representan ese mundo espiritual, como lo dejan ver algunas versiones de la Biblia como la Amplificada en Efesios 6:12 hace referencia a que son expertos o maestro en cuestiones militares, en guerra espiritual; eso significa que han aventajado por milenios a cualquiera en estrategias de guerra espiritual. Por eso no puedes pretender entrar a ese tipo de esfera sin tener un previo equipamiento.

Equipamiento Integral

El equipamiento debe ser aceptado en tu ser integral, me refiero a que pueda llegar al espíritu, alma y cuerpo porque en determinado momento las condiciones que la batalla requiera, no serán solamente en el espíritu, sino también en el cuerpo, aunque con esto no estoy refiriéndome a que las liberaciones de demonios sean por tus fuerzas humanas, sin embargo recuerda que harás todo cuanto te sea posible y Dios hará lo imposible; pero una buena condición humana servirá en el momento en que aquella liberación pueda requerir de muchas horas de batalla.

FÍSICO

ya mencioné la parte netamente física, también debo señalar que es necesario conocer los hábitos que odia Satanás y que vuelven al combatiente fuerte para la batalla, entre estos hábitos puedo mencionar la activación de dones, el poder que ministra la presencia del Espíritu Santo; pero más específicamente esos hábitos a los que me estoy refiriendo son el ayuno y la oración. Es de suma importancia que estés consciente de este equipamiento en la parte física porque entre más sensibilidad existe en ti como creyente, más delegación le estás cediendo al Espíritu Santo para que pueda dirigirte en la tarea que realices para llevar a la libertad a una persona.

ALMA

La otra parte que debe estar debidamente equipada es el alma, para lo cual, de alguna forma te llevará a ver cuál es verdaderamente la condición de tu alma haciéndote un autoexamen y poder ver cómo están tus emociones para que no haya puertas que el enemigo pretenda utilizar; por eso debes analizar si cuentas con lo siguiente:

1. **Emociones ordenadas**
2. **Heridas sanadas**
3. **Liberado de ataduras**

Uno de los principios de tener emociones ordenadas, es que no haya espacio para ser contagiados por alguien con emociones desordenadas, porque esas situaciones son un campo que el enemigo aprovecha y aunque la persona que desea ayudar tenga buenas intenciones de querer auxiliar a otra persona, lo puede terminar de hundir en su problema porque se viene a potencializar, mientras que si la persona tiene sus emociones ordenadas, puede cumplir adecuadamente con su función de ministrador o de ayuda de un alma que esté sumida en la amargura.

El principal problema que puede surgir cuando una persona con amargura, desea ayudar a otra que está igual o peor, es que cuando esté escuchando la amargura de aquella persona, la que ayuda o ministra, puede activarse o recordar todo aquello que lo amargó y manifestarlo de alguna forma para que el que está ministrándose, termine siendo más amargado. Por todo esto es que el alma también debe estar en una condición óptima, antes de salir a la batalla. Por eso el éxito en esta área de liberación se basa en considerar estos principios, de tal manera que cuando inicies con una tarea de esta índole, no es para que la veas como un entretenimiento, sino que una vez iniciada, deberás continuar hasta la venida del Señor Jesucristo.

Aunque de pronto creas que es demasiado para tu ministerio, debes saber que no puedes desatenderlo porque el área de liberación, es el brazo armado de Jehová de los ejércitos. Por eso, aquello que se involucren, deben estar equipados con el propósito de no cederle ni una sola oportunidad al diablo para que él lance un contragolpe.

ESPÍRITU

Esta es la otra área que no puedes dejar pasar por algo en cuanto al equipamiento porque es aquí precisamente donde se rigen todo aquello que pertenece a este plano propiamente. ¿Cómo lo puedes lograr?, observa:

1. **Condiciones del espíritu para la guianza espiritual.**

2. **Niveles legales de la comunicación divina.** Esto se refiere a la forma en que se conecta el combatiente con Dios. Ahora bien, se habla de niveles porque existe lo que se llama la oración, el clamor, el gemido y la intercesión; parecería que todo pertenece a lo que comúnmente se conoce como una oración, pero realmente son 4 niveles totalmente distintos; claro que es vital el hecho que seas una

persona, hombre o mujer; de oración. Recuerda que cuando estás en este nivel y le añades el significado de los decretos, lo cual no es más que una palabra hablada por Dios a través de uno de sus siervos o siervas con Su autoridad; pero se desarrollan a través de los niveles de comunicación que tiene el combatiente; o sea, como el combatiente ha desarrollado los 4 niveles que describí, entonces Dios lo reviste con la autoridad de los decretos, de tal manera que cuando tú lo pronuncias para ordenar que un espíritu inmundo salga del cuerpo que está estorbando, esa palabra será respaldada por Dios.

Por eso es vital que tengas comunión con Dios constantemente, pero no en forma religiosa como lo hace la tradición, sino, debe haber una comunión íntima con Dios constantemente; dicho en otras palabras, los decretos que puedas pronunciar deben estar alimentados por la oración, el clamor, el gemido y la intercesión. 7Este punto es necesario que le pongas mucha atención porque el 80% de una liberación está basado en decretos, en palabra de autoridad, que puedas pronunciar ordenando al espíritu inmundo que abandone por completo aquella vida, pero debe llevar el respaldo de Dios, en caso contrario serán como simples palabras sin espíritu.

3. **Dones como, discernimiento de espíritus, profecía, interpretación de lenguas, don de sabiduría.** Este punto es igualmente importantísimo porque son los poderes que llegan de afuera hacia dentro del cuerpo del combatiente, son dones que se pueden impartir, un ejemplo lo puedo ver con el discernimiento de espíritus, el don de profecía, interpretación de lenguas y don de sabiduría.

El discernimiento de espíritus son los ojos del equipo; ven cosas que incluso, puede ser que no hayan sido ministradas por la persona que está siendo ministrada; ¿por qué?, porque a veces son situaciones demasiado vergonzosas y la persona se ve atemorizada por el enemigo, a tal punto que prefieren seguir en esa cárcel siendo esclavizados por mucho tiempo más, y no pasar unos minutos de vergüenza y alcanzar la libertad de la cual el pecado los ha privado.

Esto último es una situación que la persona que está siendo ministrada o liberada, desconoce que el hecho de no confesar un pecado oculto, es como cederle automáticamente derechos a las tinieblas para manifestar una resistencia y entonces negarse a salir de aquel problema; pero entonces es ahí donde aquella persona que tiene discernimiento puede ver lo que está oculto.

Obviamente que esto sin contar que el don de profecía es importantísimo porque después de una liberación, puede venir palabra de Dios en profecía revelando un nuevo plan para el que ha sido liberado. También puede haber interpretación de lenguas porque muchas veces cuando el diablo se ha negado a salir o ya está en el último antes de salir, lo que hace para atacar es confundir con lenguas; eso hace que el grupo que esté atendiendo la liberación, crea que es el Espíritu Santo el que ya bautizó al que fue liberado; de tal manera que si uno tienes este equipamiento en el espíritu, no podrás discernir que aquello es una lengua demoniaca que está maldiciendo al grupo de siervos de Dios.

Por todo esto entonces puedes ver la importancia que conlleva el equipamiento integral en lo físico, alma y espíritu. Podrías escuchar decir a una persona, cosas del mundo espiritual, pero no se equipa adecuadamente de tal manera que esto mismo hace que la gente no sea efectiva en aquello a lo que lo están enviando.

INTEGRACIÓN MILITAR

Hablar de equipamiento, debes saber que está íntimamente relacionado con la integración militar en guerra espiritual; si bien es cierto que es necesario el equilibrio en todo momento, también debes saber que existen personas que fluyen de una forma extraordinaria pero en lo místico del área de la liberación, no digo que eso sea dañino, realmente lo dañino es que la gente se vaya a un extremo y se olvide de lo demás; por eso es necesario que haya equilibrio el cual es poder comprender la integración militar, la cual viene a brindar responsabilidad y que la gente sea disciplinada, claro que el hecho de hablar de guerra espiritual es hablar de algo que es místico, pero también conlleva a que haya responsabilidad y disciplina, que haya una integración militar, por eso puedes ver en Efesios 6:11-17 cuando el Apóstol Pablo habla acerca de la armadura de Dios. Comprender que debes llegar con el propósito de no ser una persona movida solamente por lo emocional y que en todo le veas espíritus inmundos o demonios.

Es necesario tener un criterio preciso y poder llegar a la frontera que por momentos podría ser muy tenue para poder ver si realmente lo que ves es una incursión de las tinieblas en contra de una persona.

Ejemplos de la Integración Militar

CUERPO

Cuando hablo de integración militar, viendo el cuerpo, puedo decir que eso habla de lo práctico, del ejercicio y de la disciplina; es la parta corpórea.

ALMA

Aquí puedo ver la parte teórica del conocimiento y entendimiento, es la parte donde se recibe la información, es la parte que ordena todo lo recibido, eso te lleva al aprendizaje. Debes saber entonces que una cosa es conocer y otra es aprender, porque podría ser que tengas mucha información de esta área, pero el aprendizaje es interiorizar lo que estas conociendo, es como hacerlo vida en ti; el aprendizaje es como formar la columna vertebral de cada enseñanza, con lo cual puedes permanecer definido en lo que haces.

ESPÍRITU

El espíritu es el que puede operar con la parte

intuitiva militar para que entonces tenga el potencial de supervivencia; esto es a nivel de siervo o ministro de guerra espiritual; esto deja ver entonces que la intuición es sumamente importante para poder decidir si vas o no a determinado lugar para enfrentar una batalla espiritual. La intuición militar te puede ayudar para librarte de muchos problemas porque podría ser que alguien te diga que vayas a un lugar donde hay un espíritu de las tinieblas que está estorbando a determinada familia; lo más lógico es que accedas y vayas, pero estando en ese lugar la intuición militar te diga que es una trampa y que es mejor que evites lo que estabas por hacer.

Consagrado a Su Equipamiento y Oficio

2 Timoteo 2:4 LBA

Ningún soldado en servicio activo se enreda en los negocios de la vida diaria, a fin de poder agradar al que lo reclutó como soldado.

De aquí entonces que, en conjunto de lo práctico, lo teórico y la intuición forman lo íntegro para lo que es el equipamiento integral y de donde militarmente viene el término antiguo que se pronuncia: integritas; esta palabra era el grito del soldado cuando le daban una revisión por el centurión, viendo si estaba apto para ir a la batalla, pero esto era una autoevaluación y si el soldado se calificaba completo entonces gritaba ¡integritas!, o sea, ¡estoy listo! Esto es de suma importancia que lo pueda asimilar porque es la integridad del hombre o mujer que trabajan en el área de liberación; de aquí entonces que la integridad es un principio que debes alcanzar todos los días, porque entre más integridad alcanzas, más respaldo de Dios tendrás y menos confrontación de un espíritu inmundo, por ejemplo:

Alguien podría estar llevando a cabo una liberación y de pronto el espíritu inmundo puede señalar al combatiente de alguna situación que por lo regular son mentiras donde se apoyan porque son espíritus que pertenecen a otra entidad mayor que es conocida como padre de toda mentira. Sin embargo, estos espíritus inmundos tratan de señalar la ausencia de integridad en el combatiente, por eso es de suma importancia crecer o estarse fortaleciendo en integridad bajo los principios que ya mencioné.

INTEGRITAS DE UN SOLDADO ROMANO

La integridad en un soldado romano, era necesaria cada vez que iba a una batalla; por eso, cuando el soldado se ponía toda su armadura, gritaba ¡integritas!, golpeando su pecho con su mano derecha; eso significaba: "estoy entero, estoy completo y estoy preparado para la batalla". Esto puede considerarse como autoministración, es una confesión de victoria, puede se considerado como una autoprofecía a sí mismo y mentaliza a la persona para no ir con miedo a la batalla o no ir con una falsa expectativa cada vez que se va a un conflicto espiritual. ¿Cómo sucede esta situación" ?, porque cuando tú lo pronuncias, lo estás escuchando nuevamente; es como un ciclo de retroalimentación, porque cuando crees algo, lo pronuncias, vuelves a escucharlo y lo sigues creyendo cada vez más, esto ayuda al combatiente a no llevar una expectativa negativa o falsa.

ORIGEN DE LA PALABRA INTEGRITA

Es la raíz latina de la palabra integridad, la cual significa: intocable, integridad y totalidad.

Su definición: entero, sólido, honesto, no corrupto, intocable. El concepto etimológico de este vocablo es la cualidad del que no es tocado por el mal y su base de ser intocable en Dios, está en la armadura:

Efesios 6:11-18 LBA

Revestíos con toda la armadura de Dios para que podáis estar firmes contra las insidias del diablo. [12] Porque nuestra lucha no es contra sangre y carne, sino contra principados, contra potestades, contra los poderes de este mundo de tinieblas, contra las huestes espirituales de maldad en las regiones celestes. [13] Por tanto, tomad toda la armadura de Dios, para que podáis resistir en el día malo, y habiéndolo hecho todo, estar firmes. [14] Estad, pues, firmes, CEÑIDA VUESTRA CINTURA CON LA VERDAD, REVESTIDOS CON LA CORAZA DE LA JUSTICIA, [15] y calzados LOS PIES CON EL APRESTO DEL EVANGELIO DE LA PAZ; [16] en todo, tomando el escudo de la fe con el que podréis apagar todos los dardos encendidos del maligno. [17] Tomad también el YELMO DE LA SALVACIÓN, y la espada del Espíritu que es la palabra de Dios. [18] Con toda oración y súplica orad en todo tiempo en el Espíritu, y así, velad con toda perseverancia y súplica por todos los santos…

El término integridad se deriva de integritas, integritatis cuyo significado era buena salud y estado físico y también honestidad y rectitud. Esto es interesante porque para todo soldado era el deseo de salir ileso de cada batalla y la única manera era no permitiendo que el enemigo lo tocara mortalmente.

Una vez más, recuerda que el soldado al grito ¡integrita!, estaba dando a conocer que su estado:

1. **En el poder de una sola mente.**
2. **Un solo propósito.**
3. **Una sola misión que cumplir y vencer.**

Aunque ya lo mencioné, quiero insistir en que esta área es de mucha importancia y el que logres asimilarla, más aun, porque no estoy enseñando a cómo golpear el suelo con el calzado, no estoy diciendo qué tan fuerte debes gritar, sino cómo debe ser tu integridad. No podría llegar a confrontar entidades de un mundo sucio, si no estoy desarrollando la integridad constantemente; claro que esta no es la exigencia en primer plano del ministerio porque todo esto es progresivo, se tiene un proceso evolutivo en estos principios que ya he mencionado, porque recuerda que todos venimos de un mundo caído de ahí nos levantó el Señor Jesucristo y mientras tú y yo vamos de camino, se han presentado situaciones donde de pronto el enemigo quizá hizo su mayor esfuerzo por engañarte y hacerte caer en algún error; pero si Dios te ha llamado de ahí, no es para que te quedes con esa mancha sino para que te levantes y continúes en la tarea que El te ha concedido, por eso es de suma importancia el hecho de asimilar que la integridad debe ser progresiva.

Recuerda que en todas las batallas hay heridos en ambos mandos, hay gente que se cansa, otros que se debilitan, pero en el nombre de Jesús debes tomar aliento, sea cual sea tu condición y continuar avanzando porque el que es preparado en una academia militar del cielo, debe saber que es una carrera de toda la vida; dicho en otras palabras, tener un equipamiento integral no es que hayas sido reclutado como soldado raso que después de cumplir con su tiempo de servicio en el ejército, se retira a la misma vida mundana y no vuelve más porque lo tuvieron de forma forzada prestando el servicio militar.

El que cursa en una academia militar, debe tener disciplina, le enseñan ética, valores, etc., pero la persona no lo pierde porque estuvo aprendiendo aquello que amaba, para después ponerlo en práctica toda la vida. Obviamente que en lo natural la gente se retira de las funciones militares por el desgaste del cuerpo y porque hay políticas internas en cada ejército pero eso no significa que todo lo que haya aprendido lo deseche el día que se retire del ejército, sino que los valores y disciplina los sigue practicando porque forman parte de su estilo de vida y honran aquello que aprendieron, por lo tanto, sin importar la edad natural que pueda tener, por la misma razón que hay honrado aquello que aprendió, sus consejos siguen siendo valiosos; quizá ese sea el mejor ejemplo para poderme dar a entender y que tengan una imagen de lo que es aprender guerra espiritual.

Por eso debes saber que tú no eres un soldado que ha sido reclutado para 2 años, esto es una carrera militar donde formas parte de la jerarquía de hombres y mujeres que van en ascenso hasta llegar a los niveles más altos.

Liberación Integral Familiar

Una vez que he sentado los principios y bases del equipamiento integral, iniciaré entonces con el desarrollo propiamente dicho de tema en cuestión; porque debes saber que, si todos hemos sido integrados adecuadamente, el grupo familiar podrá alcanzar la liberación total en conjunto. Ahora bien, basándome en los principios que el Señor Jesucristo enseñó, porque debes saber que todo lo que estás aprendiendo, ha sido tomado de la Biblia y no de humanismo alguno; todo es Biblia tomado de los ejemplos de Jesús en cada caso de liberación, por eso es que oportunamente he enseñado acerca del tiempo que El ocupó en echar fuera demonios durante Su ministerio, claro que no hizo solamente eso porque mientras administró Su tiempo, hizo varias tareas relevante en la Biblia, por ejemplo: en la predica, en la enseñanza, sanidad de enfermos y en liberación de demonios y echando fuera espíritus inmundos , siendo este último, una de las tareas a las que más tiempo de dedicó, por lo menos un tercio de Su ministerio lo dedicó a esto y los demás porcentajes están en muchas más actividades, pero realmente un tercio de Su ministerio, es bastante tiempo.

Incluso puedes ver en la Biblia que hubo regiones donde fueron más las liberaciones que en otros lugares y en lugares donde no lo hizo a causa de la incredulidad de la gente. Ahora bien, el pasaje bíblico que nos ayuda a comprender la razón una liberación integral familiar es la siguiente:

Mateo 12:24-25 LBA

Pero cuando los fariseos lo oyeron, dijeron: Éste no expulsa los demonios sino por Beelzebú, el príncipe de los demonios. [25] *Y conociendo Jesús sus pensamientos, les dijo: Todo reino dividido contra sí mismo es asolado, y toda ciudad o* ***casa dividida contra sí misma no se mantendrá en pie.***

La base está en la parte subrayada; basado en el enfoque de la integración, puedes ver entonces que esta casa está carente de esa integración y consecuentemente de liberación familiar. Puedes notar entonces que Jesús enseñó el principio; es lo que he venido explicando desde la introducción que plantee; Satanás no admite división en su reino, pero si lo plantea como arma de guerra en contra del reino de Dios; entonces su principio es la casa dividida o reino dividido.

SIGNIFICADO DE CASA DIVIDIDA

Lo óptimo o regla y hasta un principio para todo combatiente de guerra espiritual, debería ser que se asegure que toda la familia sea liberada, incluso debe haber una descontaminación de las casas propiamente dichas, no solamente de las personas, por causas de las atmósferas que se activaron en aquellas personas que aún no tenían la liberación; es un tema que abordaré más adelante en este mismo libro; pero no puedo dejar de mencionar que es importante la liberación personal pero también el entorno de aquella gente porque a causa de las atmósferas presentes y que puede estar utilizando algo dentro de la casa como punto de contacto o una puerta dimensional, porque entonces los espíritus ya no entran a través de una persona, sino por una puerta que se pudo haber quedado activada, pero como ya lo dije, es un tema que desarrollaré más adelante.

Pero entonces tiene que haber el deseo en nuestras familias de experimentar la liberación integral familiar; porque es posible que haya familias que quiza el esposo no es creyente, solamente la esposa, ahí habrá necesidad que ella se levante como una especie de guerrera fuerte de parte de Dios para que no le saqueen los bienes; claro que en el mejor de los casos es que sea el esposo el que al ser convertido, sea el fuerte de su casa.

¿CUÁL ES EL PROBLEMA DE NO CONOCER UNA INTEGRACIÓN FAMILIAR?

El espíritu que sale de una persona, regresa para intentar entrar en otro miembro de la familia; con esto puedes ver entonces la relación que existe con la cita de Mateo 12:24-25 donde hace referencia a que una casa dividida, no permanece. Ahora observa esta cita:

Mateo 12:43-45 LBA

Cuando el espíritu inmundo sale del hombre, pasa por lugares áridos buscando descanso y no lo halla. 44 *Entonces dice: "**Volveré a mi casa de donde salí**"; y cuando llega, la encuentra desocupada, barrida y arreglada.* 45 *Va entonces, y toma consigo otros siete espíritus más depravados que él, y entrando, moran allí; y el estado final de aquel hombre resulta peor que el primero. Así será también con esta generación perversa.*

El principio en esta cita está en la parte subrayada, de tal manera que cuando lo vinculas a lo anterior: **casa dividida...** tiene la llave para regresar: **volveré a mi casa de donde salí...** esto es muy importante que lo notes porque es un espíritu inmundo el que está hablando de apropiación, está enfatizando que tiene algún derecho legal que le fue cedido por alguna razón, aunque muchas veces la persona desconoce, pero no por eso no existe aquella situación; las tinieblas conocen a este respecto y lo ponen en práctica; en el idioma griego esto viene a significar como tener un documento legal por medio del cual el espíritu inmundo dice que aquella casa le pertenece. Ahora el punto en todo esto es descubrir cuál es ese documento o qué contiene ese documento que lo hace decir que le pertenece aquella casa. Observa entonces algunos significados que te ampliarán el panorama a este respecto:

SIGNIFICADO DE CASA

La palabra casa, en el idioma griego se pronuncia: OIKOS y significa además de casa, **volveré a otro miembro de la familia**, los residentes de una casa, todas las personas que forman una familia, un hogar. Aunque tiene varios significados, el que llama más la atención es: volveré a otro miembro de la familia, porque con eso denota el carácter de un espíritu generacional. Esto último lo ampliaré más adelante para que veas cómo opera un espíritu generacional; pero de momento lo que deseo que veas es que cuando él quiere volver a otro miembro de la familia, significa que está enfocado en los códigos de la línea sanguínea.

Esto sucede porque todos tenemos códigos que nos ligan, tanto en fortalezas como en debilidades en el mismo núcleo familiar, por eso las tendencias que pueda haber en una familia, de tal manera que cuando un espíritu sale de una persona, puede predecir que al volver a la misma casa, cualquiera del mismo núcleo lo recibirá bajo las mismas condiciones. Por eso a los espíritus inmundos no les interesa tanto volver a la misma persona, sino la misma casa, o sea, el mismo núcleo familiar porque el ambiente interno que encontrará será el mismo por la similitud del código que llevan, de aquí entonces puedes ver la importancia la liberación en la integración familiar.

ESPÍRITU GENERACIONAL

Un espíritu generacional es uno que persigue el linaje, las herencias ancestrales, las inclinaciones de una familia, los males, deudas ancestrales, etc., con esto puedes comprender más ampliamente este versículo:

Mateo 12:45 LBA

Va entonces, y toma consigo otros siete espíritus más depravados que él, y entrando, moran allí; y el estado final de aquel hombre resulta peor que el primero. ***Así será también con esta generación perversa.***

Esto deja ver entonces que después de lo que Jesús explicó como principio, añadió lo que dice este versículo, porque lo que aquí sucede es que en la mente del espíritu inmundo sigue la idea que aquella casa que un día dejó, le sigue perteneciendo; también puedes ver que estos espíritus operan cíclicamente. Con esto lo que deseo es que te formes mentalmente la idea de cómo prepararte para una ministración, porque no es solamente de sentarte a escuchar los problemas de los demás, sino que debes analizar lo que te dicen y que vayas discerniendo cómo te lo dicen para poder desenmascarar la operación diabólica que está llevando a cabo el espíritu inmundo en la vida de determinada persona y entonces entender la naturaleza de los espíritus para poderle cerrar puertas en el nombre de Jesús, porque también debes ver que entre todos forman una estructura y que la función que no tiene uno, la tiene el otro, por eso trabajan como si fueran eslabones o cadena, están conectados unos con otros. Por eso en la liberación puede ser que se manifieste un espíritu, pero en la ministración hubo manifestación de otro espíritu, de tal manera que cuando logras comprender esta situación y disciernes qué es lo que está sucediendo, puedes batallar hasta echar fuera todos los espíritus que tengan estorbada aquella vida.

Cuando ministras a una persona, debes saber que no es solamente un problema específico el que vas a encontrar, sino que saldrá el que esté trabajando en ese momento en contra de aquella persona, pero detrás de él habrá muchos más porque con uno que haya, representa una estructura; eso es lo que Jesús enseñó cuando dijo: **Así será también con esta generación perversa.** Lo que Él estaba diciendo en otras palabras es que era necesaria la liberación generacional, de la estructura de espíritus inmundos que tenían aquella persona. Por eso debe haber un deseo intenso porque tu familia sea liberada totalmente, porque quizá el ataque ya no sea en contra de los padres, sino en contra de los hijos o nietos porque no se les enseñó la importancia de buscar la liberación total y que sea todo el núcleo familiar el que lo pueda experimentar.

ACONTECIMIENTOS A LA GENERACIÓN NO LIBERADA

Ahora quiero mostrarte qué significa lo que Jesús dijo con **generación perversa**:

Está identificada con el código Strong #4190 y se pronuncia: ponerós. Su significado es el siguiente: dañino, malo, mal, que indica degeneración de la virtud, enfermo, con enfermedad; pero específicamente (moralmente) culpable (en el ámbito legal), delincuente, vicioso, facineroso; malicia, peor, perverso, envidia, mal, maldad, maligno, maligna, malo, mala, malvado, malvada, malas cosas.

Jesús calificó como un espíritu entrará a una casa, si quedó uno o más miembros de la familia, que tiene el calificativo de ser degeneradas, o sea, cuando estén bajo el proceso de ataque de Satanás; pero todo es porque aún tienen un área que no ha sido entregada a los pies del Señor y eso hace que les sirva a los espíritus inmundos como un receptor activado en todo momento.

1. Entonces los acontecimientos a la generación no liberada pueden llegar por otro miembro de la familia que tiene receptores familiares.

2. De tal manera que los males se repetirán en otra persona, pero continuarán siendo los males de una familia. El ataque será el mismo, lo único que cambiará es de cuerpo; esto es por la falta de liberación integral familiar.

LISTA DE PROBLEMAS FAMILIARES

1. Vicios: Alcoholismo, drogas etc. Con esta herencia puede ser que el espíritu inmundo regrese porque uno de los hijos tiene el cromosoma 11 donde se anida el alcoholismo y que le heredaron sus padres.
2. Enfermedades: depresión, cáncer, etc. Cuando la depresión es hereditaria, la portadora de la depresión es la mujer en el cromosoma 2.
3. Tendencias como divorcios, separaciones, abandonos, etc.
4. Pérdidas materiales, económicas, pobreza, etc.
5. Eventos que se repiten como, violaciones, incestos, homicidios, etc. Es importante que, siendo guiados por el Espíritu Santo, enseñemos en las congregaciones o grupos de liberación, que una mujer que fue violada en su infancia, no solamente tiene que liberarse del espíritu de violación, sino también desautorizar ese mismo espíritu, principalmente si tiene una hija. En realidad, he visto casos en los que cómo es que una madre que fue violada y no quiso ministrarse de ese problema porque tuvo vergüenza; después sus hijas o hijos padecen del

mismo problema.
6. Desviaciones sexuales, etc.
7. Cualquier otro tipo de problemas que ha perseguido a la familia.

Puede ser que en determinado momento sepas del caso de una persona que tiene muchos problemas y no logra salir adelante; ahora tienes una mejor perspectiva a este respecto y podrás llevar un mejor consejo porque saber que puede ser un espíritu cíclico generacional dentro de una familia; por lo cual es necesario que haya una liberación integral familiar para ponerle fin a todo aquello que los ha estado estorbando y entonces no sufrir un contragolpe, pero para eso es necesario que haya una concientización de lo que pueden estar atravesando o que podrían atravesar el día de mañana si no pasan por el proceso de liberación a nivel de familia.

También es necesario que si tú estás siendo equipado bajo esta perspectiva, tengas la libertad de saber que en determinado momento has sido afectado y que es necesario que seas libre tú y toda tu familia porque no es conveniente que, siendo combatientes de guerra espiritual, tengamos una amenaza de este tipo porque en cualquier momento puede llegar un contragolpe de las tinieblas y encontrar un receptor en la familia que te debilitará.

LA META DEL ESPÍRITU CÍCLICO

Mantener a la casa afectada con las mismas ataduras a otros miembros de la familia.

Mateo 12:29 LBA

¿O cómo puede alguien entrar en la casa de un hombre fuerte y saquear sus bienes, si primero no lo ata? Y entonces saqueará su casa.

El fuerte es un espíritu que, para seguir provocando pérdidas, derrotas, robos, etc., siempre le será necesario atar a uno de la familia; por eso dice que es necesario atar para poder saquear; entonces, con uno de la familia que esté atado, habrá una forma de fuga de bienes de la casa produciendo toda clase de pérdidas. Quedará entonces en tu responsabilidad si inicias con el proceso de liberación integral familiar o no; claro que, si lo llevamos a cabo, no es para que haya forzosamente una manifestación demoniaca, porque en todo caso, si no sucede, gracias a Dios, pero si de pronto un integrante de tu familia tiene una manifestación, ya tienes cómo trabajar a favor de la liberación de tu familia.

TESTIMONIO

Es interesante que en el momento cuando fui liberado del alcoholismo que heredé de la línea sanguínea de mis padres; ese espíritu es activado en mi hermano biológico, después que él había sido buen estudiante y deportista, a los 35 años de edad, le es activado ese espíritu; esto fue antes que lograra comprender esta situación de la liberación integral familiar. Por eso es básico que puedas tener las palabras adecuadas en una oración, para poder llevar la liberación a tu familia y que sea rota toda maldición que hayas heredado y que no se siga trasladando de generación en generación.

Apocalipsis 12:7

Entonces hubo guerra en el cielo: Miguel y sus ángeles combatieron contra el dragón. Y el dragón y sus ángeles lucharon,

NOTAS

NOTAS

NOTAS

NOTAS

CAPÍTULO 2

EL PROPÓSITO DEL EQUIPAMIENTO

En el primer capítulo, estuve enfocándome de alguna forma para hacer conciencia de la necesidad que existe para que toda la familia pueda experimentar la liberación; aunque es una necesidad, tampoco puedo imponérselo a ninguno, sino más bien sugerirlo porque la liberación no se impone, además el éxito de la liberación consiste una gran parte, en que sea solicitada; tampoco puedo ponerlo como una regla para los nuevos miembros de una congregación; no puedo imponerlo bajo ningún punto de vista, además dice la Biblia que el pan de la liberación es para los hijos, aun Jesús cambió ese plan, no así un principio; esto es un punto que debes comprender plenamente, los planes puede ser cambiantes, no así los principios.

Cuando se trata de cambiar un principio que Dios ha establecido, el que lo intenta violar, automáticamente se destruye porque entra en vigencia entonces la ley de un principio; pero los planes si pueden ser cambiantes. Por eso, cuando ves en la Biblia el pasaje donde una mujer se acerca a Jesús pidiéndole ayuda para su hija, el Señor le responde lo siguiente:

Marcos 7:26-30 LBA

La mujer era gentil, sirofenicia de nacimiento;
y le rogaba que echara fuera de su hija al
demonio. [27] ***Y Él le decía: Deja que primero los***
hijos se sacien, pues no está bien tomar el pan
de los hijos y echarlo a los perrillos. [28] *Pero ella*
respondió y le dijo : Es cierto, Señor; pero aun
los perrillos debajo de la mesa comen las
migajas de los hijos. [29] *Y Él le dijo: Por esta*
respuesta, vete; el demonio ha salido de tu hija.
[30] *Cuando ella volvió a su casa, halló que la*
niña estaba acostada en la cama, y que el
demonio había salido.

Puedes ver claramente cómo el Señor hace la diferencia entre los hijos y los que no lo son; pero en ese momento El cambió el plan cuando vio el corazón de aquella madre angustiada por su hija endemoniada; pero el punto hacia donde quiero llegar es que el pan es para los hijos, pero debes pedirlo para que tenga la efectividad planificada; si logras asimilar que es un privilegio por medio de cual Dios puede nutrir tu existencia o sobrevivencia, alcanzarás niveles espirituales extraordinarios; porque en realidad eso es lo que sucede cuando alguien es libertado, aunque debe pelear para conservar su libertad.

Yo particularmente soy un sobreviviente de todos los ataques que Satanás pueda enviar; pero así como yo, hay muchos más que hemos peleado la buena batalla y arrebatado los derechos que en algún momento le cedimos a las tinieblas, ¿cómo lo recuperamos?, por medio de ese pan de la liberación, la cual debe ser enseñada de tal modo que la gente pueda valorar que el hecho de someterse a una liberación, no es sencillo bajo ningún punto de vista, sino lo más duro pero grande también porque se ha cumplido el propósito por el cual Cristo vino a deshacer las obras de las tinieblas.

Primer Equipamiento

PARA QUÉ PUEDE SERVIR UNA ENSEÑANZA DE ÉSTA CLASE?

Para que aprendas a elaborar una ministración al alma; lo que estás aprendiendo en este libro es que puedas ser consciente tú, y puedas hacer consciencia a los demás para que aquellos a los que estás liberando también lo sepan valorar y estén dispuestos a pelear la batalla para sostener cada uno su libertad y descubriendo la naturaleza de cada uno de los espíritus, su dinámica, su modus operandis; pero también para tener mayor experiencia al sentarte a escuchar los casos de cada persona.

Digo esto porque cuando llegas a saber que la persona de una casa, se liberó y luego cae un familiar cercano, básicamente será la misma historia; por eso la base principal de la liberación será lo que hayas conocida mientras ibas liberando a la persona anterior, eso significa que tendrá los mismos ancestros, quizá los mismos ataques, batallas, la expectativa podría ser la misma. Un ejemplo muy claro a este respecto es lo que compartí en mi testimonio, porque una vez que fui libre, mi hermano biológico cayó en el mismo problema. Recuerda que alguien puede tener ancestros de alcoholismo y no estar activo ni haber experimentado esa primera vez; hasta ese momento podría estar esa línea inamovible en aquella persona, el espíritu de alcoholismo no se puede definir, pero está esperando el momento.

A una persona se le puede determinar el alcoholismo cuando probó por primera vez el alcohol y en ese momento se convirtió en una situación incontrolable en su vida. La ventaja que existe cuando la misma persona libera a otro familiar, es que de alguna forma debería tener información o una especie de esquema de cuál será el comportamiento o manifestación de aquel espíritu. Por eso, el propósito de conocer los espíritus cíclicos que conocen el linaje, es para que haya un verdadero equipamiento y saber qué hacer en los diferentes casos que puedas encontrar.

¿QUÉ ES EQUIPAMIENTO?

Comprender que una familia puede estar batallando con el mismo problema en forma separada si no se libera a la familia completa; ayudará a lo siguiente:

1. Predecir las batallas que otros miembros de una familia estarán encarando por el espíritu cíclico que volverá.
2. Esto hará que la persona que libera, sea un experto combatiente para ministrar a otros miembros de la familia en el momento que lo soliciten.

Mientras estás en el proceso de ministración, aunque podría surgir el momento en que surjan preguntas; lo más seguro es que sepas cuál es el modus operandis de aquel espíritu y sabrás entonces lo que procede hacer; por eso no se debe buscar el hecho de presionar a la persona para que te diga las respuestas que ya conoces; en todo caso será necesario que logres discernirla de la mejor forma. Cuando hablo de discernir, no me refiero al don de discernimiento, sino al conocimiento que llega como consecuencia de una situación. Recuerda que existen 2 clases de discernimiento:

1. **El don de discernimiento como una dádiva de Dios; aunque no trabaja las 24 horas al día.**
2. **El discernimiento basado a un conocimiento previo, el cual trabaja las 24 horas al día.**

Cuando estás ministrando a una persona; esperas que en la ministración surjan las cosas que en algún momento escuchaste decir al familiar del que ahora ministras; dejando un tiempo prudencial hasta que salga la confesión, porque al confesar, automáticamente se le están quitando derechos al espíritu generacional; por eso debes tener paciencia con la persona que ministras y esperar para ver si después de un tiempo confiesa lo que por discernimiento sabes que puede estar sucediendo.

Lo que corresponde en toda ministración es explicarle a la persona cómo la batalla se puede complicar, porque al reservarse una confesión, hace que aquel espíritu generacional se sienta con derecho sobre la vida que no ha querido dejar o para no manifestarse hasta cuando quiera; dicho en otras palabras, el hecho que una persona mienta o se reserve algo en una ministración; puede fortalecer al espíritu inmundo que lleva dentro, para que la liberación entonces pueda complicarse.

Segundo Equipamiento

DIAGNÓSTICO DE UNA FAMILIA

Esto es como un historial familiar que te puede ayudar para analizar los males de una familia específica, o sea, a la que pertenece la persona que estás ministrando. Este equipamiento te ayudará de una forma más marcada, a lo siguiente:

1. **Es decir, este principio ayuda a tener anticipadamente, historia familiar de otros miembros de la familia, lo cual sirve precisamente para anticiparse a los ataques que de pronto puedan manifestarse en medio de una ministración o liberación de demonios.**

2. **El combatiente será entonces ENTENDIDO con la problemática de una familia.**

Por eso es importante que el mejor lugar que puede haber para que alguien se ministre o sea liberado, es su propia casa, porque después de una ministración puede entrar la faceta de consejería, exhortación, de aclararle algunas cosas con el propósito que cuando el espíritu inmundo o demonio, pretenda regresar con 7 peores, aquella persona no sea engañada abriendo puertas espirituales. Aquí cabe mencionar que cuando la persona que está ministrando, sea una ayuda ministerial o propiamente el pastor o ministro primario (de los mencionados en Efesios 4:11), pero de pronto necesita ayuda, lo mejor es que busque otro ministro primario, de preferencia que sepa de guerra espiritual para que sepa a lo que se puede enfrentar.

Otros casos que pueden surgir es que haya personas que se están ministrando en la Iglesia, pero no son ovejas que pertenezcan a ese redil, entonces debe pensarse que el ministro primario de la otra congregación, debe estar enterado de la ministración, con el propósito que le puedan brindar el seguimiento correspondiente. Pero también hay otros que lamentablemente no creen en la liberación de demonios porque dicen que a partir del momento cuando entró Jesús en sus corazones, ellos alcanzaron la libertad plena; es ahí donde surgen aquellas personas que viven en medio de tanto problema de su alma y no logran crecer espiritualmente, no avanzan en aquello a los cual Dios los está llamando porque tienen estorbos espirituales ocasionados por demonios o espíritus inmundos y la posibilidad de libertad es difícil por la incredulidad.

Claro que cuando el ministro primario no acepta ese tipo de cosas, la opción que entra en vigencia es la cita con un psicólogo; sin embargo, la realidad es que, siendo siervos de Dios, ministros primarios, debemos darnos a la tarea de diagnosticar los estorbos espirituales que puedan tener las ovejas que Dios haya confiado en cada uno de nosotros para darle el seguimiento necesario en el proceso de ministración del alma para que sean libres de las cadenas que espíritus inmundos o demonios. En realidad, parte de nuestro servicio a Dios, siendo ministros primarios, está en que podamos ministrar al pueblo del Señor, El nos ha confiado ovejas y debemos cuidarlas adecuadamente, lo cual significa que no se trata solamente de estarles predicando, sino de sanearle el alma de todo ataque que el enemigo les tuvo en el pasado y que hoy estén padeciendo del dolor de una herida sangrante en el alma.

Recuerda que un trauma no se queda solamente en el alma, en el consciente o subconsciente de la persona, sino que la intensión del enemigo es que ese trauma llegue hasta el espíritu humano de la persona, por eso, antes que el problema se convierta en algo más complicado, se debe tratar en el alma.

Tercer Equipamiento

DISCERNIR RECEPTORES FAMILIARES

Es sumamente importante poder discernir los receptores familiares o de la casa.

Este es el discernimiento por conocimiento, como ya lo mencioné antes; el combatiente de liberación debe tenerlo habilitado. Un ejemplo a este respecto puede ser un receptor de violación el cual persigue a hijos de padres violados en la niñez y si no se detiene, continuará con lo nietos y todas las generaciones de aquel padre que padeció la violación y nunca se ministró para ser libre.

Es interesante es saber cómo los científicos o los que se han dedicado a estudiar este tipo de problemas, los definen como violación en cuanto al modo en que opera un violador, porque dentro de un grupo de niños, llega específicamente a uno; no está probando si uno cede o es engañado o el que está a su lado, etc., llega como teledirigido a un niño en especial por causa de un receptor y un emisor. A esto debo agregarle que, por lo general, un violador, es alguien que de niño también fue violado, no es regla, pero por lo general eso es lo que tiene lugar del por qué; de tal manera que cuando un niño es hijo de padres que fueron violados, o con uno de los dos que lo haya sido, tiene un receptor que le será activado en el momento en que sea violado. Por eso estoy insistiendo que en medio de la ministración se aproveche el momento para sacar a la luz todo aquello que la persona sepa que la puede estar estorbando, aunque no es fácil confesar una violación, pero es mejor pasar un momento de mucha vergüenza, pero ser libre, y no esconder ese problema y seguir esclavo de espíritus inmundos toda la vida.

Por eso es importante esta parte del equipamiento, para tener entonces el discernimiento de los receptores familiares. Otro punto que debes considerar es que un emisor lanza señales y llega precisamente al lugar donde hay receptores para sincronizar la frecuencia; de aquí entonces la importancia de hablar más delante de **las frecuencias de las tinieblas contra el hombre y la mujer**; son dos temas que podrás aprender por separado con el propósito que cada género tenga un entendimiento pleno a este respecto y tengan una solvencia total y poderse ministrar sin temor de la acusación del diablo. También estaré abordando **la frecuencia de las tinieblas contra los niños**, para que los padres puedan estar alertas de cómo sus hijos pueden estar siendo atraídos por el diablo.

Cuarto Equipamiento

INFORMACIÓN PARA FUTURAS MINISTRACIONES

Esto te servirá para futuras ministraciones al alma de otros miembros de la familia del que ya ha sido liberado:

- Es decir, preguntas específicas a un miembro de la familia, respecto al pecado que a estas alturas ya se convirtió en pecado familiar del cual se tiene expediente de liberaciones pasadas a sus familiares.

- La meta de la liberación integral familiar es que puedan experimentar una liberación a tal grado que ningún miembro de esa familia sufra las situaciones negativas de sus ancestros.

Para llegar a este nivel de liberación, puedo decir que es la mayor bendición que aquel que es liberado debería anhelar.

El Impacto Familiar del Pecado

La razón jurídica de esto es porque todos los descendientes que se pueda tener, son blanco de un impacto familiar del pecado, para lo cual debo definir cómo se interpreta esta situación, considerando que todo lo que está en este libro es el material de apoyo y consulta que debes tener cercanamente en las ministraciones.

Los estragos familiares:

1. **El pecado familiar lidera a los estragos familiares.** Existen citas bíblicas que exactamente se repiten 4 veces en la Biblia, debes recordar que también está escrito que Dios visitará la iniquidad de

los padres sobre los hijos hasta la tercera y cuarta generación; ¿por qué?, por el impacto familiar que lidera los estragos familiares, sean estos presentes y futuros, es por causa de un pecado familiar.

2. **Cuando menciono estragos, estoy dando a entender que existe algo en desorden, en confusión, preocupante, problemático, desalineado, dificultoso, embarazoso, sucio.** Básicamente lo que quiero explicar, aunque es muy obvio, es que esos estragos los ocasionó el desorden en un linaje específico y que puede abarcar en muchas áreas de la vida, por ejemplo: desorden económico, emocional, espiritual, el núcleo de la familia en desorden como lo es el hecho que los padres no reconocen a los hijos o que los hijos no honren a sus padres dándoles el lugar que les corresponde; los esposos faltándose el respeto tanto el hombre a la mujer como a la mujer al hombre.

¿Qué significa desorden?, carente de un orden normal; un desorden es lo anormal de las funciones o es lo no saludable.

3. **Los estragos están fuertemente**

relacionados al concepto de lo disfuncional. El hecho que haya familias disfuncionales, parecería que se ha convertido en una situación que va con la moda, aunque Dios por misericordia usa gente que pertenece a familias disfuncionales para tomarlos en Su mano y que vayan siendo ordenados, hasta enderezarles su vida y que le sirvan en su mano como testimonio del poder de Dios.

4. **El pecado familiar lidera a la disfunción familiar de generaciones futuras.**

Estas son las bases que debes comprender como una persona que ha sido llamada a la guerra espiritual en la ministración del alma.

Las Batallas de las Familias

Un censo realizado en Virginia, (U.S.A.) encontró el siguiente dato de una familia:

Esta es la información de un censo realizado en una zona rural de Estados Unidos de América, el inspector llegó a una casa y buscó a los padres de familia para saber cuántos vivían ahí, la escena se desarrollo así:

1. **Pregunta** ¿Dónde está tu padre?, **Respuesta:** en la cárcel.

2. **Pregunta:** ¿Dónde está tu madre?, **Respuesta:** al caer mi padre en la cárcel, ella se volvió a casar y no me quiso llevar con ella.

3. **Pregunta:** ¿Hay más hermanos en casa?, **Respuesta:** si, mi hermana, ¿dónde está?, en un centro de rehabilitación, sale en 90 días.

4. **Pregunta:** ¿Algún otro hermano?, **Respuesta:** está en Harvard.

5. **Pregunta:** ¿Qué estudia tu hermano?, **Respuesta:** él no estudia, a él lo están estudiado porque murió de manera extraña.

Todos los miembros de una familia batallan con alguna cosa, es decir que están peleando contra algo; resultado de la falta de un **ENTRENAMIENTO** apropiado. Las preguntas descritas, forman parte de una encuesta hace diez años atrás, no es de la invención de una persona; por eso debes tener consciencia de la importancia en el entrenamiento que estás llevando; para que las futuras generaciones ya no sean el blanco de impactos y que no tengan el calificativo que son consecuencias de estragos familiares, pero para eso, insisto; debes aprender a liberar, dentro de lo cual es necesario que conozcas la mentalidad del hombre porque es muy práctico, analítico, razonador; eso lo ha llevado a que hable poco, pero si sabes y conoces la forma de pensar de los hombres, entonces no te limitarás en escuchar o investigar cuando estés ministrando, sino que estarás dispuesto o dispuesta a indagar el mal que está acechando el alma de aquella persona.

Una de las cosas que puede ayudar a los varones a cambiar la mentalidad, es que haya una buena preparación de parte del combatiente, eso lo podrá sentir el que está ministrándose en el momento que llega a sentarse delante de ti para ministrarse, por ejemplo: cuando visitas al médico y te hace una serie de preguntas, todas se las respondes con sinceridad porque lo ves preparado y sabes que te puede ayudar; lo mismo sucede cuando estás ministrando, la persona que te busca tiene la disposición de abrir su corazón, te verá como alguien preparado; la persona se sentirá cómoda si logras transmitir que estás debidamente equipado.

En ese orden de ideas, debes saber entonces que cuando estás preparado, llevas las preguntas y respuestas para aquella ministración, con el objetivo que el equipo de ministración llegue en su oportuno momento con una secuencia ordenada de la ministración, ya no llegará con las mismas preguntas. Es eso lo que, mientras se logra formar el equipo de liberación; podría utilizarse inclusive como material impreso con las preguntas y las claves para poder tener un buen diagnóstico.

¿Cómo Elaborar el Material Escrito?

Este material viene a ser como una especie de auxiliar que servirá para dejar por escrito los datos más importantes de una ministración mientras está en proceso, por ejemplo:

1. **Nombre de la persona.**
2. **Fecha de la ministración.**
3. **Descripción de la cronología.**
4. **Historia ancestral.**
    i. **Nombre de los padres.**
    ii. **Religión que creyeron tener.**
    iii. **¿En qué práctica se vieron involucrados?**
    iv. **¿Cuál fue su nivel social y**

económico?

v. ¿Cuántos hijos hubo?

vi. ¿Cuáles fueron los problemas que más afectaron a los padres?

vii. ¿Cuál fue el desenlace final de la casa de los padres?

5. **Descripción de la vida pasada de la persona que se está ministrando.**
6. **¿Cuál es el problema?**

En todo el trabajo que puedas realizar, en cuanto a ministración se refiere, debes tener el cuidado de no caer en una rutina, en algo que esté totalmente mecanizado y pensar que el diablo siempre tomará la misma ruta. El día que caigas en esa rutina, estás cayendo en el engaño de las tinieblas y eso mismo puede obrar en contra tuya como un engaño. Es mejor que preguntes y analices lo que cada persona te habla, considerando por lo menos desde los ancestros de la cuarta generación en adelante, y que entonces puedas hacer una especie de esquema para que guiado por el Espíritu Santo, disciernas qué es lo que procede con cada ministración o liberación.

El Modus Operandis

En el libro que escribí acerca de la forma en que Satanás opera en contra de la vida de toda persona, libro titulado **Modus Operandis**, describí los 5 tiempos más importantes en la vida de todo ser humano porque es de donde el enemigo toma información para tener su mejor aprovechamiento en la forma que ataca a cada persona.

Esos 5 tiempos, es lo que igualmente toma cada psicólogo, psiquiatra y un médico; por consiguiente es necesario que estén también en cada ministración que realices para que en la experiencia, a causa del equipamiento y las intervenciones de los casos, estés familiarizado en cuanto a saber cómo operan los espíritus de nombre genérico o con los principados que tienen nombres propios, de tal manera que al escuchar a una persona, vas a ubicar el modus operandis de cómo está operando cierto espíritu, por el daño que está causando; aunque en algún momento pueda sonar un poco mecánico el proceso, nunca lo veas de esa forma porque cuando menos lo pienses, tendrás el diablo atacando de diferente forma u orden establecido con anterioridad.

Un ejemplo de esta situación la puedes ver cuando alguien llega a ministrar su alma y de pronto confiesa que a los siete u ocho años de edad fue violado o violada; ¿qué puedes decirle a esa persona?, debes tener de alguna forma, un lineamiento a seguir, cuidándote en no caer en alguna rutina, sino más bien, que cada caso sirva para ampliar tu conocimiento de cómo operan las tinieblas en contra de cada persona.

Quizá esa persona te diga que recuerda los olores, que hay recuerdos amargos que le traen a su memoria la persona que lo dañó, inclusive puede recordar en cómo estaba vestida o qué aromas llevaba; eso significa que aquella situación se convirtió en un trauma porque no tuvo la atención necesaria oportuna; eso te dejaría ver entonces que hubo un espíritu de violación pero también hubo una entrada a la faceta de los traumas; pero el punto es que debes anotar todo hasta donde te sea posible de lo que aquella persona diga para después poderlo analizar.

Otra cosa que debes considerar, es que no pretendas aportar ninguna solución mientras escuchas a la persona que se está ministrando, aprovecha el mayor tiempo posible que la persona esté hablando, para conocer más de la operación que está llevando a la destrucción, la vida de aquella persona. Una vez que tengas el esquema de aquella persona, debes buscar a la persona que Dios le ha permitido mayor conocimiento y experiencia en la ministración, o sea el jefe del grupo; idealmente que sea el pastor de la congregación, pero si él delega en otra persona, los demás deben reconocer esa autoridad y entonces abocarse con él para pedir el consejo necesario en cada caso.

Posiblemente cuando se pida el consejo con el pastor o el coordinador delegado, aun recibas un consejo sobre la ministración, por cosas que se hayan escapado al preguntar o corregir posibles errores que se cometieron, pero aun estarías en tiempo para enmendarlas y finalmente se elaborar una estrategia de ministración. Una vez pasada esta etapa de la ministración, empiezas a identificar espíritus inmundos, demonios, principados, etc., para saber contra quién debes salir primero a la batalla; por eso es importante que lleves una secuencia de la ministración, pero el que revisa la ministración es el que llevará la estrategia para que tenga el seguimiento de acuerdo a los que el Espíritu Santo le revele en cómo hacerlo.

Recuerda que Belcebú es el cerebro de todo el proyecto de ataque contra la persona que estás ministrando, por lo tanto, quedará de último, primero debes quitarle todo el apoyo que pueda tener en sus asistentes diabólicos; debes desgastar la estructura de espíritus inmundos, de los genéricos, después vas a entrar en el ámbito jurídico, en seguida verás otros niveles de autoridad y por último batallas contra el principado porque ya no tendrá en quién apoyarse, se sentirá desubicado porque todo el campamento espiritual que había alcanzado a sentar en contra de aquella persona, finalmente habrá quedado desolado.

Por eso es importante tener el esquema en mano, tener la estrategia a seguir, pero también seguirla de acuerdo a los lineamientos que hayas recibido para tener la mayor posibilidad de victoria en contra de las tinieblas.

Los Encubrimientos de los Males

(El síndrome de la casa cíclica)

Ahora veamos las consecuencias y estragos de encubrir los males; este es precisamente el síndrome de la casa cíclica: ocultar aquello que en algún momento pueda causar vergüenza familiar; eso viene a reflejar lo siguiente:

1. **No hablar**: nunca decirle a nadie acerca del pecado, abuso o abandono familiar; claro que tiene su razón, dependiendo del punto de vista que se pueda estar

tratando, pero el síndrome está referido propiamente a que quizá alguien más en la familia le aconsejó al que se ministrará, que no diga determinadas cosas que al final pueden ser vergonzosas familiarmente hablando, porque estaría manchando su apellido; pero entonces al ocultar aquella situación, como ya lo había mencionado; las armas de las tinieblas no se podrán deshabilitar y la batalla se tornará más intensa.

Por eso no es aconsejable que alguien que se vaya a ministrar comente que lo hará; esto es un asunto entre Dios y cada persona. Otro asunto es que, si la persona que necesita ministración, lo hace con alguien que no debe hacerlo, está en riesgo de poner en evidencia que hay un ataque en contra de las tinieblas y la murmuración se convierte en tema popular, al grado que la persona no se ministra porque supo antes de tiempo, que muchos sabían aquel pecado que es vergüenza familiar y que, con su ministración, lo estaría confirmando.

También por eso de pronto llega un consejo diciendo que no se diga toda la verdad en la ministración porque lo único que causará es vergüenza familiar y no se borrará el pecado; pero lo que está sucediendo en realidad es que el enemigo seguirá con el control de aquella vida; insisto, el que se ministrará es mejor que no divulgue lo que hará.

2. **Trata de ignorarlo**: tratar de hacer cualquier cosa para distraerse y evitar se conozca el problema; con esto tendrá momentos de tranquilidad, pero no definitivos porque el problema seguirá en el mismo lugar, intenta construir sobre ruinas sin poner fundamentos.

3. **No confiar en nadie porque no comprenderán los estragos**: esto es parte del error que a veces se comete, pensar que la persona que ministra no comprenderá el dolor del que se ministra, eso hace que la persona pierda interés en exponer a la luz de Jesús, la operación de las tinieblas en contra de su vida; pero esto es muestra que aquella persona no confía en nadie, ni siquiera en Dios.

Conclusión y Reflexiones Para un Combatiente

1. Los estragos familiares nos indican que lo mano está relacionado al pasado de la

familia.

2. Los estragos familiares te dicen que algo más allá de una circunstancia natural, impactó a la familia.

3. Los estragos familiares indican que se necesita sanar interiormente, y liberar a la familia.

4. Los estragos familiares nos deben alertar y hacernos conscientes de áreas dañadas en ciertas familias.

5. Los estragos familiares nos deben indicar que hay áreas en la vida de todos los miembros de una familia, con las cuales Dios desea trabajar.

Esto es lo que debe servirte en medio de la ministración, porque es parte del equipamiento que estás teniendo. Por eso el Apóstol Pablo, aunque es en medio de la Santa Cena, recomienda lo siguiente:

1 Corintios 11:28 LBA

Por tanto, examínese cada uno a sí mismo, y entonces coma del pan y beba de la copa.

Necesitas tener criterio, equipamiento, ética,

experiencia, conocimiento para poder tener el diagnóstico necesario y saber entonces que existen casos en los que, si la gente no contribuye en su ministración para la liberación, será más difícil que alcance la libertad a la que Dios está llamando y consecuentemente estará siempre con el mismo problema.

La liberación debe ser integral en orden de cerrar toda puerta a los espíritus generacionales y cíclicos; pero insisto en esto, no se puede imponer una liberación, sino que debe haber un anhelo por la otra persona para finalmente después de un proceso, alcance la verdadera libertad.

La gente debe solicitar la ministración para poder salir a la batalla y entonces se vayan desgastando los niveles de iniquidad; por eso dice la Biblia que el Señor visita para castigar la iniquidad sobre la tercera y cuarta generación; pero con la oportunidad que hoy se ha abierto de parte de Dios, El viene para supervisar si se está trabajando en romper con la iniquidad que se haya heredado de los progenitores o ancestros en general; esa es la tarea de todo creyente; reducir la influencia de lo heredado ancestralmente, siendo entonces la ministración al alma una de las formas más rápidas de poder arrancar, inclusive de la línea sanguínea, lo que se haya incrustado en el ADN de aquella familia.

NOTAS

NOTAS

NOTAS

NOTAS

CAPÍTULO 3

LA EVICCIÓN DE LOS INTRUSOS

En este capítulo enseñaré respecto a la situación en que una vez que hubo liberación, sea en forma individual o familiar; el siguiente paso es poder investigar el por qué estén teniendo lugar algunos fenómenos de carácter espiritual, por lo tanto es necesario poner atención a todo lo que pueda haber dentro de una casa, cosas que, mientras hubo una o varias personas influenciadas por las tinieblas; fácilmente se pudo haber contaminado y convertirse entonces en una especie de medios de contacto donde esté la sustancia del mal esperando a ser activada nuevamente.

Esto podría ser por dos vías; ya sea una opresión demoníaca o una depresión demoníaca; debes saber que son 2 cosas totalmente diferentes.

Opresión Demoníaca

Cuando hablo de opresión demoníaca, no estoy refiriéndome a una enfermedad mental, sino que es un estorbo en el entorno de la persona, buscando que en su interior tenga desánimo.

Depresión Demoníaca

La depresión demoníaca es cuando han logrado entrar en aquella persona para tomar posesión de ella; pero entonces de cualquier forma, el estorbo logra que algunas cosas materiales dentro de las casas, sean también contaminadas, aun cuando aquello sea una influencia de pecado o de iniquidad, igualmente puede tener lugar a que se contaminen cosas que están dentro de las casas.

También hay que considerar que aquellas cosas que han sido contaminadas, pueden quedar en ese estatus, dependiendo del reino al cual pertenezcan, por ejemplo: muebles de madera, de metal, etc., puede quedar contaminados porque pertenecen al reino vegetal en el caso de la madera, y al reino mineral, en el caso del hierro. Entonces esos objetos, pueden retener situaciones atmosféricas, de tal manera que en la Biblia vemos que en determinado momento Josué puso como testigo a una roca **(Josué 24:27)**; eso significa que ellos tenían conciencia que las cosas que pertenecen a los reinos, sea este animal, vegetal o mineral; pueden retener atmosféricamente las influencias, provocando posteriormente efectos negativos en las familias que estén viviendo en determinada casa.

Por eso, el siguiente paso, después de la liberación de las personas, es que puedas analizar lo que hay en las casas con el propósito que de igual forma sean liberadas y descontaminadas, para lo cual iniciaré entonces con la descripción de la siguiente cita:

Lucas 11:21-22 LBA

Cuando un hombre fuerte, bien armado, custodia su palacio, ***sus bienes están seguros****.* [22] *Pero cuando uno más fuerte que él lo ataca y lo vence, le quita todas sus armas en las cuales había confiado y distribuye su botín.*

Este pasaje muestra un principio de liberación, eso es en lo que deseo enfocarme en este capítulo; no me enfocaré en decir quién ese hombre fuerte, sino como ya lo dije, el principio en el cual las potestades se basan para trabajar en los bienes y que oportunamente tengan repercusión en la gente.

Es interesante que la palabra "armas", según el Diccionario Strong, tiene el siguiente significado:

Código 3833 una panoplia {pan-op-lee'-ah}
Significado:
1) Armadura completa.
2) Incluye escudo, espada, lanza, casco o yelmo, grevas (sandalias), coraza, cinto.

Esto debe hacer recordar lo que dice la Biblia a este respecto:

Efesios 6:11 LBA
Revestíos con toda la armadura de Dios para que podáis estar firmes contra las insidias del diablo.

Con esto puedes ver que cuando llega otro más fuerte para quitar la armadura, entonces tiene cómo poner una influencia en las cosas que están en derredor de aquella persona. Por eso cuando la gente de determinada casa es liberada, es necesario que vista la armadura de Dios para poderle quitar o anular lo que está haciendo fuerte a esa potestad, eso significa que cuando alguien es liberado, no basta con eso, sino que es necesario echar fuera cosas que estén dentro de la casa, las cuales pueden estar sirviendo como puntos de contacto contaminantes.

Ley del Intruso

Ahora bien, para tener una mejor comprensión a este respecto, hare memoria a un término que pertenece a las leyes en general, aunque en algunos países se pronuncia más que en otros. Me refiero a lo que se conoce como **"derechos o la ley de los intrusos"**. Aunque es un término jurídico en la ley de los hombres, también se utiliza en el mundo espiritual; veamos a qué se refiere:

Una persona puede llegar a ser dueño de una propiedad que traspasa u ocupa, si después de varios años (12 o 20 según el estado o el país), el dueño original no presenta una protesta legalmente para desalojarlo.

Esto es lo mismo que comúnmente se conoce como invasión a la propiedad privada, cuando ven un terreno desocupado y lo ocupa un grupo de personas, haciendo una especie de casas temporales, pero con eso, si nadie protesta legalmente para desalojarlos; pasado el tiempo pueden quedarse con aquella propiedad; hasta el punto de formar una especie de comunidad, aunque ilegalmente, pero incluso llegan a levantar construcciones formales con los servicios básicos cubiertos y difícilmente serán removidos de aquel terreno. Esto es la ley del intruso y es lo mismo que sucede en el plano espiritual, aunque para todo esto, existe un proceso, observa:

Paso 1:

1. Busca una propiedad.
2. Se adapta al vecindario.
3. Encaja en el ambiente.
4. Trae sus posesiones.

Paso 2:

5. Busca quedarse por mucho tiempo.
6. Excluye el derecho del dueño.
7. Intentará ganar la propiedad.

Este es el proceso literalmente hablando, pero es exactamente lo mismo en el mundo espiritual, porque de pronto los espíritus inmundos llegan a la vida de una persona y se sienten los dueños como si la persona fuera una casa, y lo hacen su territorio. Entonces la pregunta sería, **¿cuánto tiempo debe pasar para que haya una atmósfera que se posesione de los objetos que hay en una casa?**, porque cualquier cosa que haya en una casa, puede ser la puerta dimensional que el enemigo utilizará para entrar y salir a esa casa y hacer los estragos que nadie imaginó, principalmente porque ya hubo liberación en todo el núcleo familiar y de pronto empiezan a brotar situaciones que ya se habían eliminado de la vida de la gente, pero no de la casa propiamente dicha.

Considera entonces lo siguiente: esos espíritus inmundos no se irán por su cuenta, tienen que ser expulsados, ordenada su salida, por eso es de suma importancia esta enseñanza.

Las Preguntas Más Frecuentes

¿Puede algún hijo de Dios vivir en una casa

donde hay intrusos espirituales que se han adueñado del ambiente y clima del hogar?

La respuesta es: sí. Todo eso es posible porque son entidades que funcionan por medio del régimen de los derechos, porque en la jerarquía del mundo espiritual hay una que es la jurídica, es la que evalúa las leyes que se respetan o no, y entonces comunica a las huestes de menor rango, que hay argumentos que pueden ser usados en contra de aquella familia, de tal manera que llegan a creer que pueden intervenir y poseer una casa completa, no solamente a una persona, sino que pueden adueñarse del ambiente de la casa.

Por eso constantemente muchos hijos de Dios están experimentando cosas negativas dentro de su propio hogar y afecta la familia y el desarrollo de la misma. La mayor parte de los creyentes no saben que los intrusos (espíritus inmundos), operan en **"La ley del intruso" y que solo abandonarán ese lugar hasta que el dueño los desaloje**, hasta que el creyente aprenda a liberar su casa y a limpiarla de la influencia del mundo espiritual donde se mueven las tinieblas.

Muchas son las llamadas y consultas que constantemente los creyentes hacen a los ministros para notificar de fenómenos y experiencias negativas que ocurren en sus hogares, por ejemplo: crisis de enfermedades y problemas económicos y que no saben porque pasa; planifican y ponen en práctica estrategias que deberían resultarles provechosas, pero de pronto se ven en la misma situación de siempre, porque están influenciados bajo una atmósfera de las tinieblas que no los dejará, sino hasta que aquella casa sea igualmente liberada.

Los Argumentos de las Tinieblas

La temática de esta enseñanza son cosas que le dan el derecho a las fuerzas de las tinieblas para posesionar o estorbar una residencia:

1. **Cosas llevadas por los habitantes**; es decir, el que vive en esa casa, llevó algo que a los espíritus inmundos les puede servir como un argumento; dicho en otras palabras, cuando un cristiano llevó a su casa, algo que sencillamente le es ilícito

pero representa una puerta de entrada para las tinieblas; quizá un cuadro idolátrico o un incienso que desconoce cuál es su motivación; alguna antigüedad, algún símbolo o representación de culturas antiguas que practicaban ritos o ceremonias satánicas; aunque la persona se considere de conciencia madura, eso no anula el poder que pueda ejercer aquel objeto.

Todo esto es importante considerarlo, es más, tiene base bíblica, por eso es que Dios le hizo establecer leyes a Israel, antes de poseer la tierra prometida.

2. **Cosas escondidas de los antiguos habitantes**, eso tiene lugar cuando alguien compra una casa, de la cual es tercer o cuarto dueño y resulta que hay cosas oculta detrás de las paredes, en los cimientos de la casa o en el techo y los actuales dueños desconocen de aquello que está escondido, por lo tanto, no pueden invalidar los ataques de las tinieblas.

3. **Atmósferas creadas por los habitantes (presentes o antiguos)**, es muy parecido al punto anterior, pero es más enfocado cuando los dueños anteriores hicieron prácticas ocultistas, creando con eso una atmósfera que tendrá sus repercusiones en la familia de los nuevos dueños. Recuerda que todos somos creadores de atmósferas espirituales, las cuales son puertas que un espíritu necesita para desarrollar las diferentes facetas hasta llegar a la meta de una dimensión espiritual.

Cuando una dimensión espiritual se establece, es muy difícil sacar a las personas de esa dimensión; al final puede lograrse, pero el proceso es muy complejo porque es necesario pasar por el proceso por el cual las personas han llegado a través de una atmósfera. Por eso, en su momento he enseñado acerca de los diferentes ambientes: atmósferas, climas, fortalezas, culturas y sistemas para entonces llegar a la dimensión espiritual.

4. **Maldiciones o brujería enviada.**

Con este estudio verás los indicadores de cada cosa y sabrás determinar cómo y cuándo es que se contamina una casa por intrusos del reino de las tinieblas invadiéndolas; pero también aprenderás a liberar y limpiar tu hogar; de tal manera que te exhorto a desear recuperar la tranquilidad, la paz y la limpieza espiritual de su hogar.

Advertencia de Dios a Israel

Los hogares o casas, Dios las dio como lugares de reposo, de seguridad y de descanso.

Deuteronomio 6:10-11 LBA

10 Y sucederá que cuando el SEÑOR tu Dios te traiga a la tierra que juró a tus padres Abraham, Isaac y Jacob que te daría, una tierra con grandes y espléndidas ciudades que tú no edificaste, 11 y casas llenas de toda buena cosa que tú no llenaste, y cisternas cavadas que tú no cavaste, viñas y olivos que tú no plantaste, y comas y te sacies...

Lo que Dios está haciendo ver es que había casas que Israel iba a poseer pero ellos no las habían edificado; esto es lo mismo que se suscita generalmente en todos lados, quizá tuviste la oportunidad de construir tu propia casa, la ordenaste, la construyeron y no tienes mayor problema con eso; pero en la mayoría de casos no es así; alguien construye, vive por un tiempo en esa casa y luego la vende o arrenda, pero todo aquello que los dueños originales hicieron, se quedó establecido como una influencia para los que habrán de llegar. Si hubo una familia satánica, obviamente consagraron aquella casa al que ellos creen que se las facilitó.

Es lo mismo que un cristiano hace cuando compra una casa; regularmente llama al pastor para que ore por su casa y la consagre a Dios; igual hace un satánico, solo que él la consagra a Satanás, de tal manera que la gente que llegue después de ellos, se vea afectada por las tinieblas; es más, aunque sea el primer dueño de determinada casa, no sabes qué fue lo que ocurrió en aquel terreno, cientos de años antes que construyeras tu propia casa y al establecerte ahí, llegaste a activar determinada situación que pesaba sobre ese terreno.

Isaías 26:20 FTA

Anda, pueblo mío, entra en tus aposentos, cierra las puertas tras de ti, escóndete por un momento hasta que pase la indignación o castigo de los malos.

Por eso es sumamente importante que la casa sea descontaminada, para librarnos de toda tribulación.

Levíticos 18:26-28 LBA

26 "Pero en cuanto a vosotros, guardaréis mis estatutos y mis juicios y no haréis ninguna de estas abominaciones, ni el nativo ni el forastero que reside entre vosotros 27 ***(porque los hombres de esta tierra que fueron antes de vosotros han hecho todas estas abominaciones, y la tierra se ha contaminado),*** *28 no sea que la tierra os vomite por haberla contaminado, como vomitó a la nación que estuvo antes de vosotros.*

Según la Biblia, Dios advierte a Israel antes de poseer la tierra prometida y las casas de la nueva tierra para que no practicaran cosas abominables, depravadas y paganas de Canaán porque esas cosas contaminaban la tierra y las casas; Dios les había prometido lo que iban a poseer, pero también quedan advertidos de no fallar sobre aquello que Él había establecido, con el propósito de llevar a los hogares un proceso de descontaminación.

TESTIMONIO

Hace algún tiempo tuve la oportunidad de ser testigo ocular de lo que ocurría en un hogar; una familia había perdido a un familiar, hermano biológico del dueño de la casa. Cuando murió, hicieron pactos que no debía hacer con él; lo que provocó que llegará un espíritu inmundo, haciéndose pasar por el espíritu del familiar fallecido. Llegaba todos los días a aquella casa, entraba por la puerta principal, pasaba hasta la cocina, se servía un vaso de leche y lo bebía, pero dejaba evidencia de todo cuanto hacía porque lo que quería era que supieran de su presencia, pero con ciertos derechos adquiridos. Todo se había originado por los pactos hechos en el momento de la muerte de aquel familiar; pero el punto principal en esto es que había objetos que le pertenecían a aquella persona y que eso estaba sirviendo como medio de contacto para atraer espíritus inmundos.

Todo eso puede llevar a padecer de ataques de Icúbos o Súcubos, manifestaciones metafísicas de Lilit que la gente ve como el hecho de estar viendo como que se mueven objetos o que se enciendan y apaguen interruptores de energía eléctrica o aparatos eléctricos. Marcas en el cuerpo sobre la gente que vive en esas casas que aún siguen contaminadas porque hay potestades que ciertamente han salido de sus vidas, pero las casas propiamente dichas, y sus cosas, aún están contaminadas.

El Principio de Dios

Dios estableció una LEY con relación a las casas por causa de lo que aconteció en el principio.

El Principio de la Ley

Una ley se emite porque existen los considerandos.

CONSIDERANDO

Es decir, considerando que esas casas fueron habitadas por otras naciones paganas, cuidarán de no hacer lo mismo que ellas. También considerando, que al principio Satanás intentó usar el hábitat del primer hombre como "UNA PUERTA DIMENSIONAL", igualmente la contaminó.

El Primer Hogar Afectado

Génesis 2:8 LBA

Y plantó el SEÑOR Dios un huerto hacia el oriente, en Edén; y puso allí al hombre que había formado.

Aquí lo que puedo ver es que Satanás codició ese ambiente, para lo cual manipuló la información que tenía Adán y Eva, con el propósito de violar la ley y romper la tranquilidad del Edén. ¿Por qué Satanás quería el Edén?, porque era una puerta dimensional para el mundo espiritual.

Con esto debes saber que Dios está en todo lugar, pero no así Su manifestación, sino solamente donde está la atmósfera de Su gloria; por eso debes cuidar tu vida en todo momento porque siendo hijo de Dios, estás llamado a crear las atmósferas de gloria a Dios; eso es lo que Adán hacía mientras estuvo en el orden al que había sido llamado, pero cuando viola los estatutos que le habían puesto, o sea, trastoca la información que había recibido; ya no hubo un ambiente idílico con el que atraería la presencia de Dios, por eso lo sacaron del Edén, a él y Eva, y esa puerta queda escondida porque era una puerta dimensional con la que podían hacer mal uso si tenían fácil acceso.

El Significado Práctico del Edén

1. Era una fuente de vida.
2. Era una puerta del cielo.
3. Era un ambiente de encuentro entre Dios y el hombre.
4. Era el prototipo de toda la Tierra, para todos los hogares.

Una casa contaminada a la vez viene a servir al reino de las tinieblas como una puerta espiritual para mantener abierto lo que se conoce como "Portales Espirituales", porque esta es una de las metas de Satanás.

Portales Espirituales

RAZONES DE LOS PORTALES ESPIRITUALES

1. Una de las intenciones del reino de las tinieblas es **AFECTAR los ambientes** del hogar de los creyentes y de la humanidad en general.

2. De esa manera puede **controlar e influenciar el clima interior**, el ritmo y la tranquilidad de una casa hasta esclavizar a los que ahí habitan.

3. La meta de Satanás **es hacer caer en tribulación a los creyentes dentro de sus propios hogares** y por ello es más crucial mantener nuestros ambientes libres de contaminación y así lograr la seguridad y el reposo.

LOS PORTALES ESPIRITUALES

Como ya lo mencioné, Satanás intentaba

quedarse en el edén, para usarlo como puerta dimensional. Es necesario hablar un poco de los portales espirituales para tener el concepto de lo que esto significa, para lo cual utilicé varias fuentes de consulta:

WESTER NUEVO DICCIONARIO COLEGIAL

Un portal son puertas de acercamiento, entrada a un puente o túnel, lo que conecta a una dimensión.

LA NUEVA ERA

Un portal son portones de magnetismo y electricidad a dimensiones paralelas.

EL PAGANISMO

Lo llama campos de energía o “Las líneas ley”.

DICCIONARIO OXFORD

La palabra "ley" puede asociarse con "lea" que significa "camino de tierra abierta”. (Lleva implícito la idea de aprender a leer las líneas o trazos de un punto a otro y ahí se establece un dominio de influencias negativas).

LA LÍNEA LEY

Son espacios o avenidas, donde se mueven libremente los poderes demoníacos, y desde ahí causar estragos e influencias negativas al pueblo de Dios.

Obviamente que todo esto son principios que Dios ha establecido y Satanás lo único que ha hecho es copiar la estrategia para operar en contra del pueblo de Dios. Recuerda que cuando Dios manifiesta Su gloria en una casa, se crea una atmósfera que a su vez puede ser transformada en una especie de fuerte para influenciar en santidad a los que estén en torno a esa casa y de esa forma neutralizar todo lo negativo en el ambiente.

TEORÍA

El término "Ley Líneas" (Líneas Ley) fue creado por Alfred Watkins, cuando explicaba su teoría de que los lugares antiguos alrededor de Gran Bretaña, habían sido realmente construidos o formados dando alineamientos entre y a lo largo del paisaje habitado en aquella nación. Los lugares mencionados incluyen Círculos de Piedra, Piedras Antiguas,

Montones de Piedras, Cementerios e Iglesias, los cuales son entradas a lo sobrenatural negativo.

Lo asombroso de todo esto es que hay casas que se han contaminado tanto, que hay científicos que están trabajando para encontrar una respuesta lógica a las cosas que suceden, porque incluso hay casas que han quedado totalmente inhabitables; no hay quién pueda soportar el ataque de espíritus inmundos; incluso han inventado aparatos que detectan movimientos anormales que comprueban la presencia de algo o alguien invisible al ojo humano, y no terminan de aceptar lo que verdaderamente es.

Es por eso que, para evitar contaminaciones dentro de las casas, no debes aceptar cosas que los demás te regalen, cuando sabes positivamente que es algo que un cristiano no debe tener; no aceptes amuletos de un familiar, solamente porque no quieres desagradarlo si lo rechazas. Recuerda que el que se hace amigo del mundo, se constituye en enemigo de Dios; piensa entonces por un momento a quién deseas agradar; ¿a Dios o al mundo?

Cosas Llevadas por los Habitantes

Éxodo 12:35 LBA

Los hijos de Israel hicieron según las instrucciones de Moisés, pues pidieron a los egipcios objetos de plata, objetos de oro y ropa.

Cuando el pueblo de Israel salió de Egipto, se llevaron cosas que pertenecían a los egipcios; pero todo esto pertenecía a prácticas paganas, por eso más adelante, ese mismo oro sirvió para hacer un becerro de oro para adorarlo; por consiguiente, representa llevar a las casas cosas que pueden ser usadas como puntos de contacto o puertas dimensionales de los espíritus de las tinieblas.

Hasta aquí podrías preguntarte, ¿qué estás llevando a casa; cuadros, estatuillas, alguna representación de una pirámide o de culturas antiguas en general?, el problema es que si no logras detener este tipo de cosas, será más fácil para el enemigo entrar en tu casa algo que venga a convertirse en un punto de contacto que sea transformado en una puerta dimensional donde podrán estar entrando demonios y no lograrás notarlo a simple vista.

Josué 6:18-19 LBA

18 Pero en cuanto a vosotros, guardaos ciertamente de las cosas dedicadas al anatema, no sea que las codiciéis y tomando de las cosas del anatema, ***hagáis maldito el campamento de Israel*** *y traigáis desgracia sobre él. 19 Mas toda la plata y el oro, y los utensilios de bronce y de hierro, están consagrados al SEÑOR; entrarán en el tesoro del SEÑOR.*

A veces se comete el error de lo mismo que puedes ver en esta cita, porque sabiendo que algo es prohibido por Dios, no le importa a muchos y creen que pueden ser libres de la acusación que les impida gozar; según ellos, de cosas que son inmundas, pero lo único que están haciendo es abriéndole puertas a demonios, y cuando están en medio de la tormenta, no se explican el por qué están siendo derrotados por las tinieblas. Por eso, cuando no sepas cuál es el trasfondo de las cosas que alguien te regala o que por simple gusto las quieres llevar a casa; es mejor abstenerte porque en cualquier momento el enemigo las utilizará para ser transportados de un lugar a otro; quizá estén en una casa satánica y por ese objeto que puedas llevar a tu casa, se transportará precisamente a su casa y lo que hoy puede ser un hogar lleno de paz, se convertirá en un lugar de tormento.

Objetos que Crean una Puerta Dimensional

1.- Amuletos (de toda clase).

2.- Cuadros o adornos de figuras místicas (figuras de pobreza, pirámides).

3.- Muebles o artículos antiguos (de otras épocas).

4.- Cosas usadas o regaladas (no se conocen los dueños o el uso).

5.- Cosas usadas en ceremonias o rituales. (atuendos de indios, bastones, coronas, calaveras, patas de conejo, dientes de animales, líquidos o libros).

6.- Inciensos (orientales, de la India, etc.).

Estos objetos pueden estar atrayendo la maldición en los hogares y las batallas contra fuerzas de las tinieblas.

Esto es una pequeña lista de las cosas con las que debes tener cuidado en no dejarlas entrar en tu casa; pero en realidad hay muchas cosas más que si bien es cierto que alguien quiere agradarte, regalándotelo; debes discernir si lo llevas a tu casa o no, porque por pequeño que sea, puedes estar transportando maldición; es mejor que por un momento afrontes la realidad de las cosas para prevenir, a que por un engaño sea instalado en tu casa un portal de entrada de las tinieblas.

Recuerda que hay ambientes que se pueden contaminar dentro de una casa por una persona que esté siendo tentada al buscar pornografía en los medios de comunicación; quizá aquella persona tiene muchas características de alguien con buenas costumbres, inclusive hasta aparenta figura de un buen cristiano, pero de pronto resulta que algo que lleva dentro, muy escondido en su alma, se empieza a manifestar porque no soporta la tentación de ver pornografía y con buscarlo por medio de una computadora en las redes sociales o con lo más pequeño que puede ser un teléfono móvil que quizá no vio la pornografía en su casa, pero la vio en su lugar de trabajo, ahí fue contaminado y como lo lleva a donde él va; al llegar a casa está activando un portal para que entre todo espíritu de pecado de sexo ilícito, afectando a toda la familia de ser posible, incluso a niños que desde su temprana edad se les pueda despertar el área sexual, al punto que busquen saciarse, sin ni siquiera haber tenido un contacto sexual, sin conocerlo, pero como están siendo afectados por un demonio o espíritu inmundo especialista en pecado de tipo sexual, quedan contaminados y quedan activados para que de ahí en adelante sigan con esa práctica ilícita y contaminando cada vez más los ambientes de su casa.

Debes saber que el mundo espiritual es más real que lo tangible, son más jurídicos de lo que no puedes imaginar; piensa en algo que es jurídico, pero no existe en la realidad, solamente es un buen deseo; el mundo espiritual es más jurídico de aquello que ni siquiera puedes imaginar, por eso digo. De tal manera que solamente esperan una pequeña brecha para poder entrar y cambiar el ambiente de la casa; por eso si alguien desea experimentar una liberación integral, debe ser muy estricto para limpiar su casa, su alma, pero un examen exhaustivo y pedirle a Dios que le muestre dónde debería buscar para descontaminar su casa y hacerlo para estar solvente totalmente pero también estar atento a cualquier cambio que pueda notar, con el propósito de no dejar que el diablo siembre codicia, cizaña, malicia o cualquier otra cosa.

Influencias Negativas

Debes revisar tu casa y saber por qué están pasando cosas negativas, lo cual involucra el área sexual en general, por ejemplo:

1. Orgías gatunas todas las noches afuera de la casa.
2. Excremento de animales contantemente alrededor de la casa.
3. Plumas negras.
4. Animales muertos.
5. Plagas de insectos, etc.

Debes revisar tu casa y saber por qué está pasando ese tipo de cosas, porque la respuesta inmediata es que hay algo dentro de la casa que está sirviendo como receptor de todo aquello; lo que ahora corresponde es averiguar qué es y dónde está para eliminarlo; por eso debes pedirle al Espíritu Santo que te revele lo que está pasando dentro de la casa para eliminarlo y que no sea un portal de entrada de las tinieblas.

Cosas Escondidas de los Antiguos Habitantes

Levíticos 14:34-35 LBA

34 *Cuando entréis en la tierra de Canaán, que os doy en posesión, y ponga yo una marca de lepra sobre una casa en la tierra de vuestra posesión,*
35 *el dueño de la casa irá y le avisará al sacerdote: "Algo así como la marca de la lepra ha aparecido en mi casa."*

Puedes ver claramente la ley que Dios les está poniendo a los israelitas, porque les dijo que eran casas que ellos no habían edificado, eran casas hechas por naciones paganas; por eso Dios establece una ley de señales para que se entendiera que aquella casa debía someterse a un proceso de purificación y entonces llamaban al sacerdote, figura de un hombre y una mujer que han trabajado en la liberación de una familia y que el siguiente paso sea limpiar la casa; por eso es sumamente importante estar alertas de todo cuanto se mueve en las casas de creyentes en Cristo que viven donde se cometió un acto abominable a Dios, por ejemplo:

1. Objetos de brujería que se escondieron en alguna parte de la casa.
2. Prácticas de bestialismo.
3. Casas pactadas con las tinieblas.
4. Casas donde se cometió un crimen.
5. Casas donde alguien murió por un evento de iniquidad o pecado.

Estas cosas son las que producían en parte la lepra de las casas en la tierra de la abundancia.

Indicadores de Influencias Negativas

Hay indicadores que dejan ver que, en alguna casa, los habitantes anteriores la contaminaron con algún acto ilícito o negativo que dio lugar a las tinieblas, por ejemplo:

1. Presencia extraña.
2. Se oyen ruidos.
3. Sensación que alguien vigila.
4. Malos olores.
5. Plagas de insectos inusuales.
6. Aparecen objetos extraños.

- Gente que murió en casas o apartamentos, intoxicados de alcohol, sobre dosis de alguna droga, se suicidaron por problemas familiares, económicos o por enfermedad etc.

- Mucha gente acostumbra a **comprar cosas usadas** en lo que se conoce como **Venta de Garage o Sale**, y no saben de dónde vienen las cosas que están comprando, de tal manera que ese tipo de objetos, son la razón de los conflictos en las casas; esto está íntimamente relacionado con el punto donde mencioné los amuletos.

- Hay gente que se despoja de objetos de casa donde murió la familia, las pertenecías van a parar a las ventas de segunda y la gente que las compra, después no saben el por qué de los conflictos.

Atmósferas Creadas Por Los Habitantes (presentes o antiguos)

Proverbios 3:33 LBA

La maldición del SEÑOR está sobre la casa del impío, pero Él bendice la morada del justo.

¿Cómo es que una casa atrae influencias negativas?

1. Pecados: drogas, alcoholismo, etc.
2. Abominación.
3. Perversión.
4. Iniquidad: pornografía.
5. Incesto.
6. Adulterio.
7. Abortos.
8. Inmoralidad sexual.
9. Bestialismo.

Estos pecados, dice en el libro de Levítico que contaminan la tierra y las casas; son los pecados frecuentes en las casas.

Levíticos 18:26-28 LBA

26 "Pero en cuanto a vosotros, guardaréis mis estatutos y mis juicios y no haréis ninguna de estas abominaciones, ni el nativo ni el forastero que reside entre vosotros 27 (porque los hombres de esta tierra que fueron antes de vosotros han hecho todas estas abominaciones, ***y la tierra se ha contaminado****), 28 no sea que la tierra os vomite por haberla contaminado, como vomitó a la nación que estuvo antes de vosotros.*

Ataques de Maldición o Brujerías

Proverbios 26:2 LBA

Como el gorrión en su vagar y la golondrina en su vuelo así la maldición no viene sin causa.

Otra de las razones por las que vienen las brujerías es por la vía de personas que estén a nuestro alrededor:

1. Vecinos inconformes con nuestra familia: no somos de agrado por nuestra fe, o cultura.

2. Vecinos o personas envidiosas con la familia.

3. Enemistades del pasado: por deudas no saldadas, resentimientos etc.
4. Persecuciones espirituales por votos ancestrales.

Considera entonces que la brujería encontrará receptor y se activará, solamente si hay pecado escondido en una casa.

Otros Indicadores de Influencias Negativas

Los portales espirituales son los responsables de provocar, de influenciar y producir cosas negativas que alteran la tranquilidad de la casa:

1. Sabotaje a la economía.
2. Enfermedades extrañas.
3. Divisiones en la familia.
4. Mucha ansiedad.
5. Falta de paz.
6. Contiendas.
7. Pecados escondidos en casa.

Lucas 11:21-22 LBA

21 Cuando un hombre fuerte, bien armado, custodia su palacio, sus bienes están seguros. 22 Pero cuando uno más fuerte que él lo ataca y lo vence, le quita todas sus armas en las cuales había confiado y distribuye su botín.

Otras Razones por las que se Contaminan las Casas

1.- Por medios de comunicación: películas de terror, música o toda clase de vídeos, sean estos de pornografía, psíquicos, ocultismo, etc.

2.- Por medios tangibles: regalos, cosas heredadas, cuadros, joyas, compradas en tiendas de antigüedad y que tienen que ver con tribus, ruinas, ritos u ocultismo.

Deuteronomio 12:3 LBA

Y demoleréis sus altares, quebraréis sus pilares sagrados, quemaréis a fuego sus imágenes de Asera, derribaréis las imágenes talladas de sus dioses y borraréis su nombre de aquel lugar.

Con todo lo que hasta este momento has

aprendido, tienes cómo descontaminar tu casa y defenderla una vez que esté descontaminada; por eso es sumamente importante que estés buscando a Dios, con el propósito de recibir Su enseñanza y advertencia acerca de cómo operan las tinieblas.

3.- Material anticristiano: Algún familiar que esté involucrado en sectas, o religiones como Budistas, Hinduismo, Nueva Era, Ciencia Cristiana, Gnósticos Cristianos, Mormonismo, Testigos de Jehová, Masonería. Cada religión genera un espíritu diferente.

4.- Material de ocultismo: Ouija, amuletos, cartas de tarot, muñecos de vudú, tambores nativos o indígenas, obeliscos, estatuas paganas.

Hechos 19:18-19 LBA

También muchos de los que habían creído continuaban viniendo, confesando y declarando las cosas que practicaban. [19] Y muchos de los que practicaban la magia, juntando sus libros, los quemaban a la vista de todos; calcularon su precio y hallaron que llegaba a cincuenta mil piezas de plata.

La Inspección Para La Liberación De Las Casa Contaminadas

Tomando como ejemplo **el protocolo del sacerdote = ministro del evangelio de hoy**, para descontaminar o liberar una casa, verás 5 cosas importantes a continuación:

1. Evidencia física: Buscar los puntos de entrada.
2. La espera de 7 días para ver hasta dónde se extendía la lepra.
3. Raspar la parte manchada: oración de neutralización.
4. Observación, si volvía aparecer: supervisar si vuelve la manifestación.
5. Si la lepra vuelve: Ha sido consagrado ese lugar y hay que salir o derribar.

Lucas 11:21-22 LBA

21 *Cuando un **hombre** fuerte, bien armado, custodia su palacio, sus bienes están seguros.*
22 *Pero cuando uno más fuerte que él lo ataca y lo vence, le quita todas sus armas en las cuales había confiado y distribuye su botín.*

En otro capítulo de este mismo libro te mostraré un ejemplo de cómo puedes orar; no estoy diciendo que vayas a aprender una oración y que con eso se irán los enemigos; sino más bien, un modelo, como una guía de cómo lo puedes hacer. Te invito a que continúes leyendo los siguientes capítulos.

NOTAS

NOTAS

NOTAS

NOTAS

CAPÍTULO 4

LAS FRECUENCIAS ESPIRITUALES DE LAS TINIEBLAS CONTRA LA MUJER

(Por Pastora Luz Rivera)

Todas las mujeres libramos batallas, no puedes decir que no quieres batallar porque no te gustan los problemas o simplemente porque no; en algún momento enfrentaras batallas, tanto por ti misma como por tu simiente. Recuerda que hay una enemistad entre el enemigo y tú, es un odio arraigado, acompañado de hostilidad irreconciliable; por eso debes saber que habrá reconciliación con todos, menos con el diablo, con él no hay ni habrá reconciliación porque la brecha que existe, inicio desde que estabas en el vientre de tu mamá, aunque la etapa de embarazo de una madre afecta más a las hijas.

Te menciono un ejemplo: si una mujer que está embarazada recibe un menosprecio o la abandonan por alguna razón, tiene problemas financieros, deudas o su esposo no le provee de lo necesario, eso hace que se angustie, afecte sus emociones; por lo tanto, es inevitable que afecte la hija que llevaba en el vientre; claro que también si era varón, pero las niñas son más perceptibles y por consiguiente más afectadas en su alma.

Esto sin contar con que mientras fue la concepción, hubo una posibilidad de abortar, pero no se atrevió sino que pensó en regalar a su hijo o hija; todo eso llega al alma del que se lleva en el vientre; en muchos casos las batallas son ganadas por Dios y El no permite que nada suceda porque ese hijo o hija, trae una misión de parte del Señor; es aquí donde puedo ver el cumplimiento de la palabra de Dios porque donde El abre, nadie cierra y no hay diablo que pueda contradecir a la voluntad de Dios. Si estás teniendo problemas, debes saber que Dios no dejará que el diablo se enseñoree sobre aquellos hijos o hijas que buscan y tienen sus esperanzas puestas en el Señor Jesucristo.

Es posible que mientras estabas en el vientre de tu mamá, fuiste atacada muy fuertemente por las tinieblas, sin embargo desde ahí, Dios te concedió la victoria; aunque fueron cosas muy difíciles de sobrellevar, las olvidaste; aunque dicen los neurobiólogos que a partir de los 3 años de edad, el ser humano empieza a recordar tanto lo bueno como lo malo que haya vivido, antes de salir del vientre; por eso a veces llegan momentos difíciles a tu vida donde no le encuentras explicación a nada; quizá fuiste una buena hija durante toda tu vida y de pronto todo empieza a salir mal y lo primero que dices dentro de ti, es que aquello no tiene sentido si has sido buena hija, pero a veces has situaciones que son movidas de una u otra forma por ti misma, porque son respuestas de tu alma por aquello que quedó grabado desde que estabas en el vientre de tu mamá.

Por eso necesitas de la intervención divina del Espíritu Santo para mostrarte cuál es la raíz del problema y te enseñe la estrategia para desarraigar aquellas cosas que quedaron en calidad de semilla y que hoy puedan haber fructificado o se hayan convertido en un receptor activado para todo aquello que está en el ambiente y que busca dañar el alma de la gente que fue trastocada desde que estaba en el vientre de su mamá.

Todos esos recuerdos que pueda haber desde el primer momento de tu existencia; forman tu identidad para responder a problemas de determinada forma; porque para nadie debe ser de nuevo saber, que dos personas pueden estar en el mismo problema, pero responder de diferente manera porque esto estará con cierta dependencia de acuerdo a la forma en que haya sido afectada. Pero entonces a todo esto, debes preguntarte lo siguiente:

¿Qué Es Batalla?

En principio puedo decirte que proviene del idioma francés y es un término que se pronuncia: **BATAILLE**, significa: un combate entre dos o más fuerzas, en donde cada uno de ellos tratará de derrotar a los demás.

Además, debes saber que las batallas del hombre, son diferentes a las de la mujer. La estrategia que el enemigo usa en contra tuya, es basada conforme a tu diseño, de aquí también puedo decirte que tu alma está integrada de la siguiente forma:

1. **Un tercio de mente.**
2. **Un tercio de voluntad.**
3. **Un tercio de emociones.**

El Diseño de la Mujer

Lo que menos hace una persona es averiguar cuál es su diseño y qué es lo que puede afectar su vida; sin embargo, hay un enemigo que no desperdicia una sola oportunidad en averiguar cómo poder dañar a la humanidad, especialmente a la mujer. Cuando el enemigo lanza un ataque, no lo hace sin antes haber averiguado las virtudes y debilidades de una persona; él estudia al que ataca, con el propósito que su ataque tenga toda la efectividad posible. Por eso es importante que sepas cuál es tu diseño y que cierres puertas en el momento que debas hacerlo para no quedar como presa fácil para el diablo.

En virtud de eso, es necesario entonces que aprendas cuál es tu diseño y para eso es necesario que observes lo siguiente:

1. **Las mujeres somos dadas al padecimiento de afectos neurológicos masivos.**
2. **El cerebro de la mujer cambia hasta el 25% cada mes.**
3. **La mujer tiene el 11% más de neuronas que el hombre, en el centro del cerebro, centro de las emociones.**
4. **El hipocampus es más grande en el cerebro de la mujer, o sea, el asiento de las memorias y aprendizaje; es el circuito del cerebro para el lenguaje y la observación de las emociones. Esto significa que tienes más habilidad para expresar emociones, sea esto para agradecer, pedir, etc., en cierto modo puedo decir que tu diseño es complejo, pero eso no significa que tengas licencias**

para ser una mujer complicada; son dos cosas totalmente diferentes.

5. **La neuroquímica y las neuronas, afectas el estado anímico, su influencia crea la realidad de una mujer y según su estado anímico, así percibirás las cosas. Por eso a veces una mujer puede estar muy alegre y puede ser condescendiente en muchas cosas y otras veces todo lo contrario.**

Según un estudio realizado en la Universidad de Harvard, no realizan estudios con animales de sexo femenino por los ciclos menstruales; esto distorsionaría la información y aseguran que los cambios en el cerebro son profundos.

Heridas Emocionales

Ahora te quiero enseñar respecto a uno de los ataques satánicos, cíclicos, de las frecuencias más fuertes en contra de la mujer, que las tinieblas han levantado.

Las heridas emocionales, es uno de los ataques constantes contra la mujer; ¿por qué?

1. **Pueden mantenerte esclavizada.**

2. **Estas heridas tienden a ser profundas.**

Ejemplo:

1. **Heridas por abandono**: esto puede ser de doble vía, tanto para el hijo o hija que es abandonado, como para la madre que en algún momento se ve forzada a abandonar; aunque para alguien que no ha experimentado esa situación y lo ve desde un entorno aislado a su persona; puede sentir el dolor, situándose igualmente en ambas vías.

2. **Rechazo**: esto puede causar heridas en el alma de cualquier persona; el hecho de llegar a un lugar y que de pronto lo rechacen, ya sea por una persona ajena o por familiares, peor aun cuando es por parte de un padre o una madre; hace que aquella persona sea debilitada y que busque aceptación, sin importarle quién lo haga; es ahí precisamente donde entra en juego la estrategia de las tinieblas y sus emisarios.

3. **Abuso físico y psicológico**: cuando alguien sufre un abuso físico, regularmente es notorio, ya sea a simple vista o con el uso de aparatos para medir la temperatura,

ahí puede medirse qué tan grave fue un golpe físico. Pero cuando hay golpes o abusos psicológicos, regularmente la mujer siendo víctima es más afectada que un hombre.

A través de la historia puedes ver cómo la mujer ha sido afectada psicológicamente en problemas que son difícil de asimilar, un ejemplo que puedo catalogar como clásico, es la infidelidad de un esposo; eso hace que la esposa sea afectada psicológicamente de una forma tan fuerte, que incluso hay reporte de casos donde la mujer colapsa en su mente y quiere librarse de todo el círculo de gente con la que normalmente convive, inclusive del propio esposo, porque él representa aquella situación que al verlo empieza en su mente a fabricarse una película de lo que pudo haber ocurrido; pero no lo asimila como para dejarlo en el pasado y continuar su vida con una nueva oportunidad en su hogar; principalmente cuando aquella situación es recurrente; llega un momento en el que la mujer necesita de un escape porque no soporta más.

Ahí es un momento en el que el enemigo puede aprovechar para atrapar a la mujer y hacerla presa de ese problema para que no salga nunca o que se convierta en dependiente de algo para sentirse tranquila; sea este escape el alcohol o las drogas. Claro que, para corregir esa situación, se necesita que el esposo se arrepienta de corazón por el pecado que cometió, así como del efecto trágico que arrastró a toda su familia, especialmente a la esposa. Una vez que el esposo se ha arrepentido, cambia de forma de pensar y de caminar, es entonces cuando la esposa tiene la oportunidad para salir de aquella situación que la está afectando psicológicamente.

Gracias a Dios tienes la oportunidad de vida en Cristo Jesús, de tal manera que si el enemigo ha pretendido destruirte, puedes clamar al Señor y Él te salvará; más aún, si no conoces a Jesús, puedes aceparlo en tu corazón para que te muestre el camino de la luz y salgas totalmente de las tinieblas, así toda inseguridad se convertirá en decisiones acertadas en tu vida; si crees que tu cuerpo tiene voluntad propia para lanzarse al pecado; es mejor que lo ates al altar de Dios esperando que seas una ofrenda agradable a Él, antes de ser víctima del pecado; además recuerda que es la mente la que fue trastocada y de ahí es de donde salen las instrucciones de lo que tu cuerpo hace. Es mejor que le cierres puertas a la tentación, que busques ministración para sanar tu alma y te consagres a Dios.

Lucas 4:18 BLS
"El Espíritu de Dios está sobre mí, porque me eligió para dar buenas noticias a los pobres. "Dios me envió para anunciar libertad a los prisioneros, para devolverles la vista a los ciegos, ***para rescatar a los que son maltratados...***

Es muy posible que en algún momento de la vida, fuiste maltratada por cualquier persona sin importar el lugar donde, dice este versículo que Dios te rescatará del maltrato del cual has sido víctima porque lo que El desea es que seas libre y alcances la sanidad emocional que puedas estar necesitando; no tienes por qué vivir en medio de estragos; pero si te arraigas al resentimiento de lo que has sufrido, todo eso se convertirá en puntos de apoyo para que el enemigo influencie tu vida; pero en realidad tu vida no fue hecha para eso, sino para ser llena del Espíritu Santo y que así te conviertas en Su templo.

Si te aferras a sentimientos de rechazo, sufrirás pérdidas y te sentirás esclavizada fácilmente, teniéndote el enemigo en una atadura que se puede manifestar en forma de una herida no tratada, porque eso es lo que el diablo quiere que pienses, pero eso no es verdad, el Señor desea que seas libre totalmente y para siempre.

ENOJO

Son manifestaciones extremas o inapropiadas y con frecuencia, evidencia de una fortaleza emocional que brota de un dolor del pasado. Esto puede surgir en algún momento en que alguien tenga que recibir golpes por alguien que es mayor que él. Esa impotencia hace que aquella experiencia se quede grabada en el alma y al recordarla surja el enojo.

Algunas personas atribuyen tales emociones de enojo, a un desorden de personalidad; aunque podría ser ese el caso, otras veces podría ser porque la persona está siendo influenciada demoníacamente, por intervención de espíritus inmundos, etc. La ira incontrolable se debe tratar, de lo contrario la persona puede estar cayendo en falta de dominio propio, porque lo domina un espíritu de las tinieblas, en tal caso debe ser tratado en la ministración de su alma, para ser liberado totalmente.

INSEGURIDAD

Otra de las cosas con las que a veces tendrás que batallar, es la inseguridad. Estar demandando atención constantemente, necesitar apoyo emocional con regularidad, estar demasiado preocupado acerca de la apariencia y la posición; todas esas pueden señales de inseguridad.

Algunas veces es solamente una falla de carácter, sin embargo, con frecuencia las personas son inseguras debido a que han sido profundamente heridas en su alma; quizá porque han sido víctimas de la burla causada en otras personas por la envidia que pueden tenerte.

TIMIDEZ

Esto es un temor manifiesto a la gente, no obstante también debes saber que existe una soledad que es saludable porque te lleva a un momento de búsqueda íntima de Dios, donde no hay nada ni nadie que te interrumpa; alejada de redes sociales, de la tecnología en general, nada que te interrumpa del momento en que le estás dedicando un momento especial a Dios; no obstante, también necesitas estar en constante búsqueda del rostro de Dios por cuanto eres guerra y no puedes descuidar un solo momento porque el enemigo no desaprovechará ese instante en el que podrá engañarte y hacerte daño. Dios te ha confiado muchas cosas, entre ellas, una familia que debes dirigir al lado de tu esposo; entonces debes estar atenta a ver qué es lo que está sucediendo y cómo sigue su curso todo en tu casa.

Pero también debes saber que la timidez excesiva o soledad, es un temor manifiesto a la gente. A veces escuchas decir a gente que prefieren estar alejados de todo el mundo para evitar problemas, pero la realidad es que Dios nos ha mandado a que estemos juntos en armonía, por consiguiente, debe ser eliminada toda timidez.

2 Corintios 1:3-5 LBA

3 Bendito sea el Dios y Padre de nuestro Señor Jesucristo, Padre de misericordias y Dios de toda consolación, 4 el cual nos consuela en toda tribulación nuestra, para que nosotros podamos consolar a los que están en cualquier aflicción con el consuelo con que nosotros mismos somos consolados por Dios. 5 Porque así como los sufrimientos de Cristo son nuestros en abundancia, así también abunda nuestro consuelo por medio de Cristo.

Cuando eres lastimada y no le das un tratamiento de sanidad al alma, eso se convierte en una entrada para la actividad de demonios, se puede convertir en un nudo emocional. Este tipo de nudos se rompen cuando derribamos pensamientos cautivos o fortalezas de pensamientos, entregas al Espíritu Santo la memoria lastimada para que todo recuerdo que esté estorbando tu desarrollo espiritual, sean echados fuera de tu vida, pero aquí ya estoy refiriéndome a lo que es una liberación, en donde aquellos recuerdos son traídos a tu mente por la unción del Espíritu Santo, pero solamente para que sean echados fuera de tu vida y así puedas ser totalmente libre en tu alma.

Ataques a las Mujeres

Aunque no debes vivir con miedo, debes saber que Satanás tiene orquestado un ataque en contra de las mujeres y nuestra simiente.

Estadísticas:

Se calcula que 50.0 millones de mujeres se encuentran actualmente desaparecidas de la faz de la Tierra.

¿Qué quiere decir con que están desaparecidas?

Se han ido para nunca más volver, y la causa principal de su desaparición es la práctica del **genericidio**; esto es diferente a **genocidio**, el cual consiste en la matanza de un grupo racial, nacional, político o cultural específico; mientras que el **genericidio** es la matanza basada en el género.

Solamente en Asia, 660.0 millones de niñas no vieron la luz del sol porque su nacimiento fue interrumpido por el aborto. Cuando estas mujeres resultaban embarazas, después de verificar en el ultrasonido, que el género era femenino, inmediatamente las abortaban. Esto es parte del ataque en contra de las mujeres y su simiente. En países como China, India y Pakistán, así como en el continente africano, el solo hecho de ser mujer pone su vida en riesgo, porque puede ser sinónimo de abuso, negligencia o ser víctima de un asesinato de honor. Obviamente que el enemigo no quiso que nacieras para el plan que Dios tiene para tu vida; el diablo quería destruirte.

Por eso no puedes quedarte de brazos cruzados como si nada estuviera sucediendo en tu entorno, porque los ataques que el enemigo dirige a tu vida, están más relacionados a lo que puedes llegar a ser en el futuro, de lo que hoy eres como producto del pasado. El problema es que a veces la gente duda del plan de Dios para la vida de cada cristiano y esa duda los hace menguar al cristianismo, buscando entonces que, por medio de las heridas en el alma, se busque el aborto del plan de Dios en tu vida. Por eso es necesario que afrontes tu dolor, debes ser una mujer valiente en Dios porque a veces llegan convulsiones espirituales a tu vida, pero no son para destrucción, sino para que des a luz una nueva etapa en tu vida, pero para eso, es necesario que haya revelación de parte de Dios, porque para eso viniste a la Tierra, para manifestar la gloria de Dios y si has tenido tragos amargos en la vida; recíclalos en Dios, recicla tu fracaso y Él lo convertirá en victoria.

Recuerda que eres un arma de luz en un mundo de tinieblas, la mujer tiene el poder de convertir las barreras, en reto para vencerlas en el nombre de Jesús; debes considerar esa oportunidad para ser cada vez mejor y que al superarlas, sea entonces tu motivación para seguir trazando metas en tu vida.

KATHRINE SWIZER

En 1967 fue la primera mujer en correr la maratón de Boston. En el momento en que un hombre vio lo que estaba sucediendo, empezó a seguirla porque pensó en que ese no era un evento para mujeres. Años más tarde ganó la maratón de New York, también fue la primera mujer en participar en las Olimpiadas en maratón; ella fue la precursora de todas las mujeres que hoy compiten en maratones. El rechazo que había recibido en la maratón de Boston, le sirvió para continuar y demostrarle al hombre que la quiso humillar, menospreciándola por ser mujer; que las mujeres también pueden lograr grandes hazañas.

LA MUJER SABIA

2 Samuel 20:16-19 RVR1960

16 *Entonces una mujer sabia dio voces en la ciudad, diciendo: Oíd, oíd; os ruego que digáis a Joab que venga acá, para que yo hable con él.*
17 *Cuando él se acercó a ella, dijo la mujer: ¿Eres tú Joab? Y él respondió: Yo soy. Ella le dijo: Oye las palabras de tu sierva. Y él respondió: Oigo.*
18 *Entonces volvió ella a hablar, diciendo: Antiguamente solían decir: Quien preguntare, pregunte en Abel; y así concluían cualquier asunto.*
19 *Yo soy de las pacíficas y fieles de Israel; pero tú procuras destruir una ciudad que es madre en Israel. ¿Por qué destruyes la heredad de Jehová?*

Según el contexto, Joab, se habia levantado en contra de David y mientras lo buscaban, estaban destruyendo la ciudad para matar al enemigo. Las casas estaban siendo destruidas y aquella mujer sabia, quería detener la destrucción.

2 Samuel 20:20-22 RVR1960

20 Joab respondió diciendo: Nunca tal, nunca tal me acontezca, que yo destruya ni deshaga. 21 La cosa no es así: mas un hombre del monte de Efraín, que se llama Seba hijo de Bicri, ha levantado su mano contra el rey David; entregad a ése solamente, y me iré de la ciudad. Y la mujer dijo a Joab: He aquí su cabeza te será arrojada desde el muro. 22 La mujer fue luego a todo el pueblo con su sabiduría; y ellos cortaron la cabeza a Seba hijo de Bicri, y se la arrojaron a Joab. Y él tocó la trompeta, y se retiraron de la ciudad, cada uno a su tienda. Y Joab se volvió al rey a Jerusalén.

Aquella mujer, con la sabiduría que tenía de parte de Dios, logró detener la destrucción de su ciudad, la destrucción de la herencia de sus hijos; ella esperaba que alguien al que le correspondiera esa responsabilidad, se levantara, pero al ver que no hubo quien lo hiciera, se levantó ella. Dios está llamando a mujeres sabias que se levanten en el nombre de Jesús para batallar a favor de su simiente.

LA HISTORIA DE JAEL

Jueces 4:8-9, 19-22 RVR1960

8 Barac le respondió: Si tú fueres conmigo, yo
iré; pero si no fueres conmigo, no iré. 9 Ella dijo:
Iré contigo; mas no será tuya la gloria de la jornada que emprendes, porque en mano de mujer venderá Jehová a Sísara. Y levantándose Débora, fue con Barac a Cedes. 19 Y él le dijo:
Te ruego me des de beber un poco de agua, pues tengo sed. Y ella abrió un odre de leche y le dio de beber, y le volvió a cubrir. 20 Y él le dijo:
Estate a la puerta de la tienda; y si alguien viniere, y te preguntare, diciendo: ¿Hay aquí alguno? tú responderás que no. 21 Pero Jael
mujer de Heber tomó una estaca de la tienda, y poniendo un mazo en su mano, se le acercó calladamente y le metió la estaca por las sienes, y la enclavó en la tierra, pues él estaba cargado de sueño y cansado; y así murió. 22 Y siguiendo
Barac a Sísara, Jael salió a recibirlo, y le dijo: Ven, y te mostraré al varón que tú buscas. Y él entró donde ella estaba, y he aquí Sísara yacía muerto con la estaca por la sien.

Puedes ver entonces 2 mujeres valientes, defendiendo la heredad del Señor, mujeres que se atrevieron a tomar la responsabilidad para que no pereciera toda una nación.

Tus hijos e hijas representan generaciones, una sola mujer representa familias, generaciones que han de venir. Una mujer de guerra, todos los días es forjada por el Espíritu Santo para ir al frente de la batalla de la fe. No pienses en vengarte de la gente que te ha causado heridas haciendo cosas que pueden deshonrar a Dios; es mejor que escuches qué es lo que el Señor desea que hagas y en obediencia a Él, alcanzarás la victoria sin necesidad que abortes el plan de Dios en tu vida, sino más bien, llevándolo en tu vientre hasta que lo des a luz en amor.

NOTAS

NOTAS

NOTAS

NOTAS

CAPÍTULO 5

ORACIÓN DE EVICCIÓN Y CONSAGRACIÓN DE NUESTRAS CASAS

Dedicar nuestra casa y nuestras propiedades a Dios es el primer paso a seguir, una vez que se han liberado los integrantes de una familia; aunque puede ser también que haya áreas que puedan quedar contaminadas; si esto sucede, de ahí mismo puede desprenderse toda la contaminación nuevamente hacia toda la casa porque sería de ese modo como las tinieblas tendrían una cueva para esconder a los espíritus inmundos. Esto lo puedo ejemplificar en el momento cuando estás batallando en contra de una potestad demoníaca y conforme está retrocediendo, puede estar visualizando dónde poderse esconder más adelante; como una cueva donde no logres detectarlo a simple vista o no logres discernirlo, porque quizá quede inactivo esperando el momento para levantarse nuevamente, mientras tanto ahí mismo puede estar anidando más demonios o espíritus inmundos hasta que logran confabular nuevamente su ataque en contra de cada persona de aquella casa.

De tal manera que desde ese punto, todo podría regresar al mismo estado en poder de las tinieblas, aunque ya se haya ministrado la gente, pueden volver a estar en el mismo estado y quizá aún peor, porque eso es lo que deja ver la Biblia. Es por eso que sabiendo que si has llegado a este capítulo, es porque estás verdaderamente interesado o interesada en adquirir herramientas de ministración y liberación de demonios; aunque también debes comprender que todo lo que aquí te muestro, son solamente modelos de los diferentes puntos donde el enemigo puede atacar, porque en realidad cada quien debe discernir a través de la llenura del Espíritu Santo, cómo el enemigo puede estar atacando o fraguando sus ataques, porque entonces tiene mucho que ver el lugar donde vives, la región donde te mueves y claro, por la intimidad que estés alcanzando con Dios, así mismo El permitirá que tengas determinada unción que te servirá como fiel guerrero del Señor, y en cada oportunidad donde tengas que enfrentar enemigos espirituales, encontrando así las palabras adecuadas en cada oración; pero no olvides que te estoy enseñando modelos.

En este capítulo, te mostraré modelos de oración aunque básicamente veras 3 puntos básicos, conllevarán muchas otras cosas:

1. Pedir a Dios perdón de todo pecado en la casa y le suplicarle que remueva todo espíritu inmundo, demonio y que cambie toda atmósfera negativa y contraria a la santidad de la casa que estés descontaminando.

2. Le dirás a Dios que es bienvenido a esa casa, sea la tuya o la de alguien donde estés batallando; y que consagrarás aquella casa, los objetos y todo lo que ahí se haga, será en consciencia de la presencia de Dios.

3. Consagrarás todo para Él, darás honor a Dios y llenarás la casa con una atmósfera de agradecimiento al Señor.

Iniciaré entonces con la siguiente oración:

La Oración de la Puerta

Pido perdón por todo lo malo que entró a mi casa.

1. Vengo rompiendo con todo hechizo, dichos, agüeros, envíos diabólicos, brujería...

2. Reprendo todo espíritu inmundo y demonio, y ordeno en el nombre de Jesucristo, por Su sangre y Su poder, que los echo fuera de mi hogar y los envío al abismo para que nunca más salgan de allí para estorbar mi hogar...

3. Me cierro como puerta para ellos y cubro mi casa echándolos fuera, fuera, fuera, fuera, fuera...

Cuando una persona solicita que alguien llegue a su hogar y unja su casa y la consagre; debe darse lo que se llama **una concesión de derechos**, al que llegará a batallar y orar. Claro que con el simple hecho de invitar a una persona para que llegue a tu casa, de alguna forma le estás cediendo ese derecho, pero me refiero más al ámbito jurídico en el mundo espiritual, porque cuando se cede ese derecho para que alguien pueda ministrar en oración, significa que esa persona tendrá libertad de entrar a cualquier rincón de aquella casa, pero guiado por el Espíritu Santo, porque tendrá que hacer lo que Dios le diga; insisto, con la autoridad que el dueño o dueña de aquella casa le haya concedido porque con esto está reconociendo que el que llega de parte de Dios, está investido con tal autoridad que puede ordenar un nuevo ambiente en aquella casa.

Incluso, el que haga la oración, puede sugerir u ordenar según lo sentimental o emocional de las personas dentro de una casa; que tiren a la basura algún objeto en general que por discernimiento pueda sentir que está siendo utilizado como un punto de contacto con las tinieblas. Claro que puede sugerir para no hacer sentir mal a las personas que vivan en aquella casa; pero si siente que debe ordenar y la gente también le cede la vía, igualmente puede hacerlo en el nombre de Jesús porque todos están conscientes de la delegación que se le ha cedido; considerando que se está identificando aquello que el enemigo está utilizando como un portal de entrada para llegar a esa casa.

Por eso, si las personas que vivan en aquella casa no reconocen la autoridad del que llega de parte de Dios y con delegación de un libertador contra las tinieblas; sin importar la oración que se haga, una vez no se deshagan de aquel objeto que se ha ordenado que lo eliminen de su propiedad; los espíritus seguirán llegando y estorbando la casa donde están anidando.

Otro punto importantísimo en esto es que la persona delegada con la autoridad de Dios, como ya lo dijimos, puede decirle al dueño de la casa o padre de familia, esposo, al cabeza de casa; que se levante en el nombre de Jesús para batallar a favor de su familia porque de otra forma los enemigos continuarán estorbándolos.

Todo este tipo de ministraciones son las que debes saber cuándo y cómo hacerlas porque si el Espíritu Santo te muestras las cosas y no las señalas o adviertes a las personas de aquella casa, respecto a lo que está sucediendo; todo tu trabajo habrá quedado sin fruto porque ciertamente habrás llegado a batallar, pero los que viven ahí, quedarán inadvertidos; cuando lo que debes hacer es advertilos claramente respecto a lo que están enfrentando y de alguna forma, también seguir cierta instrucción que reciban de parte tuya por lo que Dios te muestre que esté sucediendo.

Quiero dejar un punto muy claro en cuanta a la autoridad delegada se refiere: tu autoridad como un siervo delegado por Dios, empieza donde termina la autoridad de la persona que te está cediendo autoridad en su casa; si ellos no reconocen en ti esa autoridad, aunque lleguen los ministros más connotados a esa casa, no podrán anular las obras de las tinieblas porque no hay un reconocimiento de autoridad. Si les dices que deben lanzar a la basura determinado objeto, aunque sea el recuerdo de un familiar muy querido y tenga un valor muy grande porque es de oro; deben deshacerse de eso, de otra forma ese objeto que determinaste que es el portal de entrada del enemigo, seguirá siendo esa puerta de las tinieblas.

Insisto, con la autoridad que te deleguen, si verdaderamente reconocen en ti lo que Dios ha puesto para descontaminar la casa; no les importará que examines sus computadoras, teléfonos móviles o los dispositivos móviles que sean; tu trabajo es como el de un investigador de parte de Dios.

Recuerda que no estás llegando a hacer una fumigación, sino que estás haciendo valer un documento jurídico en el mundo espiritual, estás haciendo una evicción espiritual y por ese mismo documento que llevas, tienes la autoridad de Dios para decirle a las potestades de las tinieblas que en esa casa no vuelven a entrar porque todo derecho que un día le cedieron, le está siendo anulado en el nombre de Jesús. Pero también es necesario hacerle ver a la familia que vive en esa casa, que por medio de esa ministración personal y descontaminación de la casa; se puede provocar una reconciliación con la gente que falló, con el propósito que juntos en unidad puedan batallar a favor de la descontaminación que necesita aquel lugar, de esa manera entonces poder declarar que se están cerrando puertas al enemigo y que los echan fuera en el nombre de Jesús.

Oración Por la Mesa de la Provisión

1. Señor Jesús, rompe con toda asignación demoniaca a mi mesa…

2. Limpia mi mesa para tu propósito…

3. Rompe con toda la disputa alrededor de la mesa…

4. Las conversaciones de la mesa sean para traer paz, sanidad, consuelo y fe…

5. Yo declaro que todo alimento que llegue a la mesa, nutrirá nuestro cuerpo y en el nombre de Jesús no habrá muerte ni veneno en ellos…

La mesa implica el centro de las reuniones familiares, simbólica y espiritualmente significa la unidad familiar por eso mismo tienen que ser ministradas adecuadamente previendo si en algún momento, hubo botellas de licor en aquella mesa, hubo cosas que la contaminaron, considerando con esto que uno de los pecados que afecta la economía del hogar, es el pecado de tipo sexual porque el principio del ataque significa que convierta su pan en migajas, de tal manera que si vas a reactivar la economía en el hogar donde estás llevando a cabo la purificación, es necesario orar por la mesa y que los integrantes de aquella familia se hayan ministrado a conciencia para que la descontaminación sea efectiva. Si alguno en esa casa oculta un pecado de tipo sexual, sencillamente su economía seguirá siendo avasallada.

Oración Por la Sala de la Casa

1. Señor Jesús, te pido perdón por las cosas que se han dicho o hecho en la sala de mi casa...

2. Señor Jesús vengo en tu nombre rompiendo con toda influencia demoníaca en la sala de mi casa...

3. Límpiala para tu propósito...

4. Rompe con toda ira, con toda competencia, con celos, con toda herida emocional...

5. Que nuestra sala sea un lugar de relajamiento, de consuelo, de diversión sana, de compañerismo familiar y de regocijo con amistades sanas...

Hay gente que permite que llegue personas a su casa, las atienden en la sala de su casa, siendo ese lugar entonces donde sacan toda la basura de su casa; aunque lleguen con alguna necesidad; pueden llevar contaminación al lugar donde la gente se reúne con su familia para tener comunión en medio de alguna plática o para estudiar la Biblia, por eso es necesario descontaminar aquel lugar y considerar el cuidado de no ministrar a otros en la casa, porque esa basura se queda ahí. Si eres ministro primario de Dios, debes tener mucho cuidado con el lugar donde ministras; podría ser que surja el espacio para que haya una liberación y que por eso envías a los hijos e hijas a sus habitaciones para que solamente escuchen el gemido que pueda surgir; pero entonces considera que en la liberación tus hijos pueden ser un receptor fácil para contaminarse; por eso no debes ministrar en tu casa.

Cuando eres ministro primario, debes tener un lugar para cada ocasión; claro está que a veces, después de la predicación puede ser que alguien pase al frente para que oren por él o ella, y que ahí se manifieste el demonio que lleva dentro, en tal caso ahí mismo habría necesidad que se inicie una liberación, pero además, es necesario que tengas una habitación específica cuando tengas que liberar. Pero recuerda que debes hacer tu mayor esfuerzo para que no tengas liberaciones de gente ajena a tu familia, en tu casa. Si lo has hecho, aquí puedes ver un modelo de oración a seguir y que puedas proceder entonces en descontaminar la sala de tu casa.

Oración Por los Dormitorios

1. Señor Jesús te pido perdón por toda contaminación en nuestro dormitorios…

2. Rompe con toda asignación demoníaca de violación, de adulterio, de prostitución, de lujuria, de seducción, de pornografía, de masturbación, orgía, de bestialismo, de perversión y de todo pecado sexual…

3. Rompe con todo ataque de incubos y súcubos...

4. Rompe con los sueños mojados...

5. Rompe con ataques demoníacos a la mente y al cuerpo...

(Esto es para limpiar el lecho, tanto del propio cónyuge, como de los hijos e hijas que estén bajo tu jurisdicción, para que esa atmósfera sea cambiada en el nombre de Jesús.)

6. Rompe con toda clase de enfermedad que intenta postrarme en cama...

7. Limpia mi cama y mi habitación para tu propósito...

8. Declaramos que la habitación y cama matrimonial es santa y consagrada para Dios...

9. Declaramos que será lugar de comunión también y conversación sana...

Es muy posible que algunas personas consideren esto una exageración, pero en realidad si vas a ministrar y liberar, debes hacerlo en el orden debido por cuanto es un área muy importante que está dejando el Señor toda la autoridad en ti, para dejar en buenas condiciones el hogar de miembros de las congregaciones o de familias que amas y que ellos puedan fortalecer su fe. La descontaminación debes marcarla con un alto grado de delicadeza por cuanto es el lugar donde se reposa y bajan los niveles de subconsciencia, y si ese lugar está contaminado, los demonios entrarán más fácil a la vida de aquella persona. Por eso también debes tener el cuidado de no llegar a la cama para dormir después de haber peleado y que aquella situación se convierta en algo irreconciliable aunque sea momentáneamente, porque de ser así, entrarás en las batallas nocturnas del alma más extrañas que jamás hayas experimentado.

Oración Por Limpieza del Baño

1. Señor Jesús consagro este lugar para que sea de limpieza y que ninguna asignación diabólica pueda tomar lugar...

2. Remueve todo espíritu contrario de suciedad...

3. Remueve de complejos que intentan

hacer sentir mal a las personas diciendo: Soy feo (a), me veo mal en el espejo, etc.

4. Rompe todo ataque a mi identidad...

5. Rompe el espíritu de anorexia...

6. Rompe con toda conducta de bulimia... (hambre exagerada e insaciable que hace aumentar de peso).

Este último punto es necesario que lo veas con atención porque puede ser que aparentemente una mesa no tenga pecado normal (si le pudiéramos llamar normal al pecado), pero hay una cadena que tiene esclavizada a la gente para estar comiendo constantemente para destruir a los integrantes de aquella familia, aunque sea uno solo; puede haber un ataque directo en este punto.

Todos estos son modelos que puedes ver para que estés alerta con la autoridad de parte de Dios para que entonces le digas al diablo que de una línea espiritual, él no puede traspasar porque en esa casa hay un hijo de Dios que se ha vuelto al Señor Jesucristo con todo su corazón.

Preparación de una Ministración

1. **¿Cómo preparar una ministración al alma? (Diagnosticar y discernir).**

2. **¿Cómo iniciar la liberación? (Confrontaciones).**

3. **Reprensión y expulsión de espíritus inmundos y demonios (terminologías, decretos y comandos).**

Para llegar a todo lo que ya has visto, es vital comprender lo que es la ministración; totalmente diferente a lo que se conoce con el nombre de "encuentros", lo cual no es más que una manipulación al alma, un sistema de psicología; la ministración es totalmente diferente, aunque también debes saber que si vas a ministrar, es porque en su momento ya te ministraste, dicho en otras palabras, para que alguien confíe la ministración de su alma en ti, primero tuvo que existir la confianza en ti de ministrar tu alma con otra persona; esto es un principio fundamental porque en la ministración se es necesario confiar cosas íntimas, cosas que posiblemente nunca antes confiaste a otra persona.

Si no logras comprender este principio, podrías caer en el error de magnificar los problemas de la persona que estás ministrando o escandalizarte por lo que vas a escuchar. Insisto en esto, si no tienes el concepto de la ministración, no vas a comprender la ética de la ministración y podrías escandalizarte al escuchar determinadas situaciones.

Esto es lo que ha venido a impedir que haya gente dispuesta a salir de la cárcel espiritual, prefieren estar atrapados en los mismos problemas y acusados por toda la vida; porque de pronto han escuchado que alguien que ministra, está divulgando la ministración de otros y eso les puede causar vergüenza a los ojos de los hombres; olvidándose que antes que lo sepan los hombres, lo ha sabido Dios; sin embargo no deja de ser ese el sentir del corazón humano, darle más importancia a lo que piensen los hombres, que el sentir del corazón de Dios.

Considerando los tres puntos con los que inicié este tópico, respecto a la preparación de una ministración, puedes ver que debe ser debidamente preparada, lo cual dará espacio para iniciar con la liberación hasta llegar entonces a una confrontación.

¿Qué es una Confrontación?

Este es el proceso durante el cual, si alguien se siente ofendido porque otra persona le ha dañado su alma; ese es el momento para exteriorizarlo como si aquella persona estuviera ahí mismo; no estoy diciendo que te pongas en lugar del que ofendió, no debes ponerte en la brecha porque un espíritu inmundo podría hacer que la persona que está siendo liberada, vea en ti la imagen de aquel que lo ofendió y proceder a quererte destruir.

Por eso debemos pedirle al Espíritu Santo que tome el control y que la confrontación sea efectiva. Considera que es muy diferente estar en la brecha para ocupar el lugar de una persona que posiblemente ya no esté en la Tierra, y otra cosa es la confrontación. Además debes saber que la voz es el vehículo que utiliza el espíritu para exteriorizar lo que se lleva dentro, quizá amargura, resentimiento, etc.

Cuando una persona está confrontando a otra que ya no está; no está siendo partícipe de lo que se conoce como espíritu médium, sin embargo está sacando lo que está en su interior y los ministros primarios o el que esté autorizado de parte de Dios, representa en ese momento lo que se puede considerar como una autoridad legal en el ámbito espiritual,

Es como un vallado y eso va impedir que un espíritu médium tome lugar o impedirás que entre en aquella vida. En la etapa de la confrontación es el momento para decirle a la persona que debe perdonar todo el daño que le hayan hecho; pero entonces considera que es un proceso ordenado donde después de ministrar, vas a confrontas y en la confrontación es donde puedes decirle que perdone todo lo malo que le hayan causado. Todo esto procurará entonces las condiciones favorables para entrar en forma directa a la reprensión de cada espíritu inmundo, por nombre si es posible, y ya no haya resistencia.

Esto sucede cuando aquel espíritu pretenda seguir escondido o usurpando un lugar que no le corresponde; entonces le puedes decir a la persona que ministraste, y que está en el proceso de confrontación, que pronuncie estas palabras: **no te quiero más en mi vida espíritu de amargura**. Esto es una batalla jurídica donde al momento de quitar el poder a aquel espíritu inmundo, no tiene de donde tomarse para seguir ocupando un lugar que no le corresponde.

Por último, llega el punto 3 donde entra entonces la reprensión y expulsión de espíritus inmundos utilizando inclusive, términos de un libertador de guerra espiritual. Este último es muy importante porque la ministración y confrontación, igualmente se pueden contaminar, por ejemplo: cuando no se tiene un equipamiento adecuado y el proceso no es el indicado.

Si alguien no está bien equipado, puede estar liberando de ángeles caídos, cuando la realidad es que los ángeles caídos no posesiona cuerpos, por eso debes aprender que es diferente un espíritu inmundo, un demonio y un ángel caído. ¿Cómo diferenciarlo?, por los nombres, pero esto te lo enseñaré más adelante.

Modelo de Hoja de Datos

Como ya lo había mencionado, es necesario que hagas una hoja de datos, con el propósito que haya registro de los datos generales de la persona a ser ministrada; por lo que te dejaré un modelo, no significa que sea este el único formato, sino más bien es para que te hagas una idea de cómo estructurarla:

NOMBRE:______________________________

PROBLEMA ACTUAL:

____

____

DIAGNÓSTICO: soledad, resentimiento, odio y siente deseos de suicidio.

ORIGEN DEL PROBLEMA:

- Información de los padres, abuelos y bisabuelos.
- Tiene información de cómo fue su concepción y nacimiento.
- Que ocurrió en la etapa de su niñez.
- Cómo fue la etapa de su juventud.
- Cómo fue la etapa de su vida adulta sin Cristo.

SINTOMAS:
Padres divorciados.
Siente odio.
Resentimiento.
Suicidio.

CURSO DE ACCIÓN: (qué hacer por lo que se detectó en síntomas)
Romper con ancestros.
Echar fuera espíritu de...

Tiene que perdonar.
Echar fuera espíritu de muerte...

Puedes añadir los datos que consideres necesarios y que te servirán para saber a qué te enfrentas y qué es lo que procede. ¿Cómo puedes saber los datos a añadir en esta hoja de trabajo?, conforme vas avanzando, te quedará el registro de lo que en otras personas se ha movido y podrás dejar el espacio para la posibilidad que en otras personas sea lo mismo. Si es posible que hagas formularios en serie para tener en inventario disponible y tenerlo a la disposición del equipo de ministración en cualquier momento, sería una buena opción, es como lo hace un médico cuando vas a una consulta; por lo regular hacen una serie de preguntas que quizá en la mayoría de veces, no tienen lugar contigo, pero realizan las preguntas en forma ordenada y dejan un espacio para agregar aquello que no se haya considerado.

La Ministración

La ministración al alma va a sondear el pasado, el presente y así discernir el futuro de una persona y sus batallas.

- Muchos de los problemas presentes están ligados a un pasado y amenazan el futuro.
- Pero si en el presente se identifica el problema, es posible que estés rompiendo con un pasado y así el futuro cumplirá con su **DESTINO**; con esto puedes ver entonces que no se trata solamente del problema presente, sino que es necesario ver la raíz para que el futuro sea diferente.

La palabra **MINISTRACION** viene del griego, **DIAKONEO** significa: auxiliar, servir, aliviar las necesidades de alguien, supliendo cosas necesarias para la vida; aunque el pasado ya no existe, dejó una huella en la memoria de la persona.

- Una buena ministración asegura una buena liberación: la ministración es el arma que penetra a la dimensión espiritual, y traspasa los tiempos. Por eso Dios permite que confirme vas avanzando en la madurez que Él te permita en la ministración; cuando tomes la hoja de datos que ya tuviste oportunidad de ver y conforme a la experiencia obtenida, puedes saber cómo será la liberación, por consiguiente será necesario que tomes medidas, en quiénes del equipo de liberación, estarán contigo.

- La ministración al alma te ayuda a discernir las ministraciones que le dieron al alma desde el vientre, desde niño y en las diferentes etapas de crecimiento.
- Después de la liberación tiene que ser fortalecida la persona con una doctrina que lo ayude a mantener su liberación. Necesitará de palabra que lo ayude a sostener su liberación para no verse afectado con los 7 que regresan, según lo deja ver la Biblia en Lucas 11:26.

Las Bases de la Liberación

IDENTIFICANDO LOS PODERES DE CONTAMINACIÓN

1. Esto implica penetrar a la dimensión espiritual, explorar el campo que el enemigo ha trabajado, esto es la experiencia que lo llevó a sufrir la atadura, el lugar, con quién y cuándo.

OBSERVA:

2. Lo interno: **EL ALMA** (con discernimiento y preguntas), efectos,

consecuencias, males o batallas interiores como producto de la operación maligna que ha tomado lugar.

3. Lo externo: **EL CUERPO** (movimientos y facciones del cuerpo, tales como ojos, manos y todo movimiento). Las señales corpóreas de la persona que está bajo la opresión espiritual o demoníaca; esto es porque en el momento de la ministración, sucede que la liberación podría empezar a tomar lugar, por eso debes estar atento a qué es lo que mueve de su cuerpo la persona que estás ministrando.

LAS GENERALIDADES DE UNA MINISTRACIÓN AL ALMA

Básicamente me refiero a los puntos que le dan la estructura a la ministración:

1. Averiguar **(ministrar)**
2. Enfrentar **(confesar y renunciar)**
3. Limpiar **(liberar)**
4. Remplazar **(llenar los vacíos)**

Este último punto es muy importante porque la casa no puede quedarse sin la llenura del Espíritu Santo; si quedan vacíos, seguro que volverá el espíritu inmundo con otros 7 peores que él.

Todo lo que hasta aquí has visto, son puntos importantísimos que debes considerar por cuanto estás siendo equipado y si no logras asimilar el equipamiento, estarás en riesgo de enfrentarte a demonios y espíritus inmundos que no dudarán en hacerte la batalla que sea con tal de ganar terreno en la vida de aquel que estás ministrando. Hoy Dios está permitiendo que te ahorres muchos años de experiencia y que estudies todo esto para que en cada ministración haya una batalla ganada en el nombre de Jesús; no vayas a probar si puedes liberar un alma, sino que estén seguro que en el nombre de Jesús saldrás vencedor.

POTESTADES MÁS FRECUENTES

Ahora te mostraré cuáles son los espíritus o potestades más frecuentes con los que te enfrentarás en las ministraciones y/o liberaciones; porque puede ser que a media de ministración, el demonio no soporte lo que está sucediendo y se manifieste; dentro de todos ellos, están los siguientes:

1. **El espíritu de enfermedad**
2. **El espíritu de espíritu de temor**
3. **El espíritu de espíritu de adivinación**
4. **El espíritu de espíritu de fornicación**
5. **El espíritu de espíritu de esclavitud**

6. **El espíritu de espíritu de altivez**
7. **El espíritu de espíritu de perversión**
8. **El espíritu de espíritu de desaliento**
9. **El espíritu de espíritu de celos**
10. **El espíritu de espíritu de mentiras**
11. **El espíritu de espíritu de error**
12. **El espíritu de espíritu de estupor**
13. **El espíritu de espíritu maligno**

Cada uno es una cabeza con una estructura, de tal manera que cada uno se conecta con los otros 13. A continuación te mostraré cómo se conforma cada una de esas estructuras:

1.- ESPÍRITU DE ENFERMEDAD

Lucas 13:11 LBA

...y había allí una mujer que durante dieciocho años había tenido una enfermedad causada por un espíritu; estaba encorvada, y de ninguna manera se podía enderezar.

La estructura de esta potestad, es la siguiente:

1. Debilidad o flaqueza
2. Cáncer
3. Problemas del seno
4. Enfermedades del corazón
5. Diabetes
6. Artritis

7. Tensión alta
8. Hemorragias o flujo
9. Infecciones vaginales
10. Derrame cerebral
11. Fiebres
12. Alergias
13. Depresión

2.- ESPÍRITU DE TEMOR

2 Timoteo 1:7 LBA

Porque no nos ha dado Dios espíritu de cobardía, sino de poder, de amor y de dominio propio.

1. Miedos
2. Tormentos
3. Pesadillas
4. Temor a la muerte
5. Timidez
6. Fobias
7. Complejo
8. Ansiedad
9. Estrés
10. Esquizofrenia
11. Locura
12. Paranoia
13. Demencia

3.- ESPÍRITU DE ADIVINACIÓN

Hechos 16:16 LBA

Y sucedió que mientras íbamos al lugar de oración, nos salió al encuentro una muchacha esclava que tenía espíritu de adivinación, la cual daba grandes ganancias a sus amos, adivinando.

1. Misticismo
2. Rebelión
3. Médium
4. Astrología
5. Esoterismo
6. Brujería
7. Hechicería
8. Magia
9. Meditación trascendental
10. Dones trastocados
11. Fármacos
12. Religión
13. Telepatía

4.- ESPÍRITU DE PROSTITUCIÓN

Oseas 4:12 LBA

Mi pueblo consulta a su ídolo de madera, y su vara les informa; porque un espíritu de prostitución los ha descarriado, y se han prostituido, apartándose de su Dios.

1. Incesto
2. Abuso sexual
3. Adulterio o fornicación
4. Bestialismo
5. Lujuria
6. Pornografía
7. Idolatría
8. Orgías
9. Seducción
10. Masturbación
11. Prostitución
12. Incubo o súcubos
13. Homosexualismo

5.- ESPÍRITU DE ESCLAVITUD

Romanos 8:15 LBA

Pues no habéis recibido un espíritu de esclavitud para volver otra vez al temor, sino que habéis recibido un espíritu de adopción como hijos, por el cual clamamos: ¡Abba, Padre!

1. Alcoholismo
2. Drogadicción
3. Tabaquismo
4. Anorexia
5. Bulimia
6. Manipulado
7. Co-dependencia
8. Adicto al sexo

9. Adicto al trabajo
10. Adicto a comprar
11. Adicto a la TV
12. Adicto a fármacos
13. Adicto a la pornografía

6.- ESPÍRITU DE ALTIVEZ

Proverbios 16:18 LBA

Delante de la destrucción va el orgullo, y delante de la caída, la altivez de espíritu.

1. Orgullo
2. Arrogancia
3. Controlador
4. Dominante
5. Burlón
6. Egoísmo
7. Obstinación
8. Desprecio
9. Dictador
10. Controversial
11. Criticón
12. Chismoso
13. Autoritario

7.- ESPÍRITU DE PERVERSIDAD

Proverbios 26:26 LBA

Aunque su odio se cubra con engaño, su perversidad será descubierta en la asamblea.

1. Toda desviación sexual
2. Poligamia
3. Homosexualidad
4. Orgías Sexuales
5. Sadomasoquismo
6. Narcisismo
7. Malhumorado
8. Obstinado
9. Maldades
10. Maldiciente
11. Acusador
12. Mentiroso
13. Infiel

8.- ESPÍRITU DE DESALIENTO

Isaías 61:3 LBA

...para conceder que a los que lloran en Sion se les dé diadema en vez de ceniza, aceite de alegría en vez de luto, manto de alabanza en vez de espíritu abatido; para que sean llamados robles de justicia, plantío del SEÑOR, para que Él sea glorificado.

1. Depresión
2. Tristeza
3. Desaliento

4. Desesperación
5. Desesperanza
6. Soledad
7. Vergüenza
8. Culpabilidad
9. Pena Constante
10. Rechazo
11. Victimización
12. Quejoso
13. Doliente

9.- ESPÍRITU DE CELO

Números 5:14 LBA

...y un espíritu de celo viene sobre él y tiene celos de su mujer, habiéndose ella contaminado, o si viene un espíritu de celos sobre él y tiene celos de su mujer, no habiéndose ella contaminado...

1. Sospecha
2. Inseguridad
3. Codicia
4. Egocentrismo
5. Desconfiado
6. División
7. Venganza
8. Odio
9. Crueldad
10. Furia

11. Muerte
12. Contienda
13. Competencia

10.- ESPÍRITU DE MENTIRA

Juan 8:44 LBA

Sois de vuestro padre el diablo y queréis hacer los deseos de vuestro padre. Él fue un homicida desde el principio, y no se ha mantenido en la verdad porque no hay verdad en él. Cuando habla mentira, habla de su propia naturaleza, porque es mentiroso y el padre de la mentira.

1. Engaño
2. Exageración
3. Blasfemias
4. Hipocresía
5. Falsas ilusiones
6. Adulación
7. Sentimentalismo
8. Legalismo
9. Falso
10. Infiel
11. Criticón
12. Calumniador
13. Divisionista

11.- ESPÍRITU DE ERROR

1 Juan 4:6 LBA

Nosotros somos de Dios; el que conoce a Dios, nos oye; el que no es de Dios, no nos oye. En esto conocemos el espíritu de la verdad y el espíritu del error.

1. Confusión
2. Racismo
3. Duda
4. Incredulidad
5. Decepción
6. Irresponsabilidad
7. Inmadurez
8. Malas decisiones
9. Conflictivo
10. Sectarismo
11. Lenguas falsas
12. Profecías falsas
13. Falsas visiones

12.- ESPÍRITU DE ESTUPOR

Romanos 8:11 LBA

Pero si el Espíritu de aquel que resucitó a Jesús de entre los muertos habita en vosotros, el mismo que resucitó a Cristo Jesús de entre los muertos, también dará vida a vuestros cuerpos mortales por medio de su Espíritu que habita en vosotros.

1. Fatiga Constante
2. Pasividad (también interpretado como espíritu de Acab)
3. Adormecimiento
4. Auto compasión
5. Victimización
6. Dilatado
7. Sin motivación
8. Sin anhelos
9. Sin futuro
10. Sin visión
11. Sin metas
12. Cansancio
13. Deprimido

13.- ESPÍRITU DE MALIGNO

Marcos 9:25 LBA

Cuando Jesús vio que se agolpaba una multitud, reprendió al espíritu inmundo, diciéndole: Espíritu mudo y sordo, yo te ordeno: Sal de él y no vuelvas a entrar en él.

1. Locura
2. Demencia
3. Esquizofrenia
4. Epilepsia
5. Tendencias suicidas

6. Sordera
7. Violencia
8. Oye voces
9. Mira Demonios
10. Sonámbulo
11. Amanece con golpes
12. Dolores anormales
13. Dureza de corazón

Como puedes ver, en cada una de las 13 estructuras, hay varios espíritus que actúan no solamente en 1 estructura, sino en varias porque su especialidad de maldad se acomoda a que puedan interactuar con varias potestades; también quiero aclarar que si alguien tiene 2, 3 o más de estas 13 potestades, no significa precisamente que por cada potestad tenga la integración de los 13 espíritus que actúan en cada estructura; aunque podría darse en caso que los tenga; en cualesquiera de los casos, el ministrador puede reprender todos los espíritus, que el Espíritu Santo le indique y echarlos fuera de aquella vida; puedo decir entonces que será por el discernimiento que tengas de parte de Dios.

¿Por qué es importante tener este documento que viene a ser un documento jurídico en el mundo espiritual?, porque al final de todas las liberaciones, debes romper toda evidencia delante de la persona que has liberado; no debes guardarla como si fuera un expediente y que ande de un lado para otro y que en determinado momento caiga en manos de un inconverso o un impío que no tenga temor de Jehová, y eso le sirva para humillar a la persona a la cual le pertenece la ministración. Por eso es mejor romper toda evidencia en el nombre de Jesús y que la persona que se ministró y liberó, pueda saber confiadamente que no hay acusación en su contra, sino que ha quedado en el olvido, es lanzado al fondo de la mar para que nunca más se acuerde de él.

ORACIÓN DE DESCONTAMINACIÓN

Por último viene el modelo de la oración de descontaminación del equipo de liberación:

Padre, en el nombre de Jesús, yo me vengo descontaminando, Señor por favor ayúdame a olvidar esta ministración, lo que escuché, lo que vi y lo que sucedió, yo me estoy poniendo un manto de Manasés para no contaminarme ni contaminar a mi familia.

Insisto en lo mismo que enseñe con los modelos de oración: esta oración es un modelo solamente, no significa que sea la lección que debas aprenderte de memoria para repetirla sin sentido ni espíritu; sino más bien, para que sirva de ejemplo y que entonces el Espíritu Santo te guie en las palabras que debas pronunciar en esta última oración. No la memorices, pero no olvides hacerla porque te evitará contragolpes.

NOTAS

NOTAS

NOTAS

NOTAS

CAPÍTULO 6

LAS FRECUENCIAS ESPIRITUALES CONTRA LA NIÑEZ

Este es otro de los temas que todo combatiente de liberación necesita conocer a fondo, aunque es muy común el problema en la humanidad, hay mucho que aún se ignora de la naturaleza y atmósfera que contiene. Esa falta de conocimiento se puede ver, por lo menos en 2 grupos:

1. En la víctima, primeramente.
2. En aquellos que se supone, pueden ayudar al que lo sufre.

No Saber Cómo Entregar El Dolor O La Mala Experiencia

La falta de conocimiento de la naturaleza de la victimización da lugar a barreras que impiden la verdadera sanidad y liberación. La primera barrera es "No saber cómo entregar el dolor o la mala experiencia". Esto causa que la persona quede atrapada emocional, mental, espiritual y físicamente.

Para poder proveer la ayuda de sanidad interior y liberar, es necesario conocer; pero entonces para eso es el equipamiento. De tal manera que dentro de todo el proceso de equipamiento, también está el hecho que estés involucrado en saber cómo es que una víctima ha tomado la forma interior que lleva; eso significa que no puedes conformarte con darle una solución temporal a una persona sobre el problema que te haya expuesto, sino que debes llegar al fondo del problema para encontrar la raíz para diagnosticar y saber cuál sería el tratamiento y/o estrategia a seguir y que puedas desarraigarla por completo aquella situación que está estorbando a la persona que estás ministrando.

El Método y la Estrategia

1. Cómo es formada una víctima.
2. Los ataques en la niñez.
3. Las batallas de un adulto.
4. La esfera de espíritus en el ambiente (que espíritus atacan).
5. La ministración, la sanidad, la liberación.

Es necesario y prioritario para poder evaluar o

discernir hasta dónde una persona ha desarrollado la mentalidad de víctima, por cuanto hablar de la mente de víctima es un tema muy común, tanto dentro de la Iglesia, como en algunos círculos humanistas que en su momento se han dedicado a la investigación de lo que sucede con este tipo de personas. El punto es que hablar de una persona que esté siendo víctima, no es algo que sea nuevo, por consiguiente, con el pasar del tiempo se ha convertido en una situación compleja que de igual forma se va trabajando en aquella persona, hasta llevarla a crear un encierro mental.

La Selección de las Víctimas

Bíblicamente el enemigo selecciona sus víctimas a temprana edad, es decir en la niñez:

Éxodo 1:22 LBA

Entonces Faraón ordenó a todo su pueblo, diciendo: Todo hijo que nazca lo echaréis al Nilo, y a toda hija la dejaréis con vida.

Los porcentajes de problemas, de acuerdo algunos consejeros cristianos y seculares, los daños se dan en esta etapa:

4. El 70% de los problemas de un adulto están enraizados en la faceta de la niñez.

1. A los 5 años de edad, ya se tiene el 70% de información que le ha dado forma a su personalidad (a los 2 años 50%, a los 14 años el 90%).

Personajes que Manifestaron Victimización

MEFIBOSET

2 Samuel 9:6-8 LBA

6 Y Mefiboset, hijo de Jonatán, hijo de Saúl, vino a David, y cayendo sobre su rostro, se postró. Y David dijo: Mefiboset. Y éste respondió: He aquí tu siervo.
7 David le dijo: No temas, porque ciertamente te mostraré bondad por amor a tu padre Jonatán, y te devolveré toda la tierra de tu abuelo Saúl; y tú comerás siempre a mi mesa.
8 Se postró él de nuevo, y dijo: ¿Quién es tu siervo, para que tomes en cuenta a un perro muerto como yo?

La vida de Mefiboset es un ejemplo de tantos casos que podría haber, porque son personas que padecieron desde su niñez, sin embargo, con el pasar del tiempo aún siguen sumidos en aquella situación que los convirtió en víctimas, aunque de pronto hayan tenido las mejores oportunidades de la vida y les hayan restituido lo que perdieron como el caso de Mefiboset; aun así, siguen con el mismo problema. Hay personas que llevarán esa mentalidad de víctimas, hasta que lleguen a conocer la liberación y sanidad interior; considera con esto que son 2 cosas diferentes, aun diferente al proceso de la ministración; observa:

1. **Ministración:** es sondear por el espíritu, los tiempos de una persona: el pasado, el presente y el futuro.

2. **Liberación:** es el momento de la confrontación de potestades del reino de las tinieblas con la intención de expulsar aquellas entidades que están usurpando un lugar en la persona.

3. **Sanidad interior:** es el proceso o resultado de una liberación, aunque no hay regla para decir qué cosa es primero, pero en el caso de una persona que está batallando con la idea de víctima, primero es necesaria la liberación; después hay que trabajar con una sanidad interior, si aun sigue aquella persona pensando

de igual forma.

Todo esto es como explicar el caso de una persona que es adicta a cualquier situación en la que puede haber adicción, por cuanto todas las adicciones hacen lo mismo en el cerebro y requieren del mismo tiempo para rehabilitarse, sea adicción a la pornografía, al tabaco, drogas en general; requieren de 364 días completos; nadie se rehabilita en 8, 6 o 3 meses; el cerebro se restaura en 364 días naturales, pero esa persona tiene que estar libre de aquello que lo había tenido sumido en la adicción.

Con esto lo que busco es explicar de una forma rápida, lo que es la liberación y sanidad interior; por eso, con la experiencia que Dios me ha permitido, antes que aquella persona vaya a un lugar donde será rehabilitado, debe pasar por una liberación para atacar el espíritu de lo que le provocó aquella esclavitud; después de eso entonces puede proceder a una rehabilitación.

En la sanidad interior, comienza a dar lugar la restauración de su cerebro, y empieza a ser normado con alguna disciplina de la vida, respecto a las cosas que tiene que empezar a hacer en orden. Lo mismo es en el equipamiento que estás aprendiendo, porque después de la ministración, inicias con la liberación para que después puedas trabajar en la sanidad interior, lo cual no es el desalojo de demonios, porque eso ya se hizo con la liberación; ahora lo que corresponde es el proceso de sanar las heridas que hayan quedado en el alma y que lo están llevando a un pensamiento cautivo a que esa persona pueda tener la capacidad de cambiar su forma de pensar, de reprogramarlo con lo que podría ser una nueva rutina de vida, la cual se establece después de 21 días.

Por eso dejé escrita la cita de **2 Samuel 9:6-8** con el propósito de tener un punto en dónde poder ver un ejemplo bíblico de lo que puede ser una mente cautiva a la victimización, donde claramente se ve que están devolviendo una herencia material ancestralmente, sin embargo, en lugar de agradecer el favor de David; Mefiboset sigue con mente de víctima.

Por eso debes tener la sensibilidad de saber escuchar cuando estas en la etapa de ministración, para que oportunamente puedas llegar al fondo del problema, hasta la raíz que debes cortar.

Otro punto que debes saber es que no estás siendo preparado para ser un profesional en liberación, sino más bien equipado para que a través del poder Espíritu Santo, puedas llevar a muchos a la libertad que tanto anhelan, pero insisto en que necesitas ser sensible a las necesidades de las personas, de otra forma no podrás hacer la obra de Dios como El desea que se haga, porque en la mayoría de casos, desde la niñez la gente ha sido dañada en su alma, como sucedió con Mefiboset, quien desde los 5 años de edad tuvo la mala experiencia que lo dejó marcado:

2 Samuel 4:4 LBA

Y Jonatán, hijo de Saúl, tenía un hijo lisiado de los pies. ***Éste tenía cinco años*** *cuando de Jezreel llegaron las noticias de la muerte de Saúl y Jonatán, y su nodriza lo tomó y huyó, pero sucedió que en su prisa por huir, él se cayó y quedó cojo.* ***Su nombre era Mefiboset.***

Fue un evento donde la edad que tenía Mefiboset, contribuyó a que su alma absorbiera e informara todo lo que sucedía en su entorno. Por eso veo necesario equiparte para que puedas ministrar la memoria intelectual, emocional y otras áreas donde será necesario declarar una palabra de libertad porque ahí hay información de los eventos que han dejado una huella negativa muy profunda en la vida de una persona y que desarrolla mentalidad de víctima.

Ahora observa la vida de otro personaje en la Biblia:

Marcos 9:17-21 LBA

17 *Y uno de la multitud le respondió: Maestro,*
te traje a mi hijo que tiene un espíritu mudo,
18 *y siempre que se apodera de él, lo derriba, y*
echa espumarajos, cruje los dientes y se va
consumiendo. Y dije a tus discípulos que lo
expulsaran, pero no pudieron.
19 *Respondiéndoles Jesús, dijo : ¡Oh generación*
incrédula! ¿Hasta cuándo estaré con vosotros?
¿Hasta cuándo os tendré que soportar?
¡Traédmelo! 20 *Y se lo trajeron. Y cuando el*
espíritu vio a Jesús, al instante sacudió con
violencia al muchacho, y éste, cayendo a tierra,
se revolcaba echando espumarajos. 21 *Jesús*
preguntó al padre: ¿Cuánto tiempo hace que le
sucede esto? Y él respondió: Desde su niñez.

¿Qué es lo que se puede crear cuando una persona sufre de determinada situación?, es algo que debes saber, porque alguien puede empezar a padecer una enfermedad sin que sea por herencia y no tendrá la capacidad de ministrarse a consecuencia del mal que está atravesando; es entonces cuando entra la intervención de los padres del niño o joven que puedas estar ministrando; son ellos los que pueden responder y saber cuál fue el principio de aquel mal.

Marcos 9:20 BPD

Y ellos se lo trajeron. En cuanto vio a Jesús, el espíritu sacudió violentamente al niño, que cayó al suelo y se revolcaba, echando espuma por la boca.

Al referir esta versión de la Biblia, puedo decir que se considera niño de 5 diferentes formas:

1. **recién nacido**
2. **infante**
3. **niño**
4. **joven**
5. **adolescente**

La sociedad puede considerar como un menor, en estas 5 escalas, sin embargo, en el idioma griego aparecen por lo menos 8 palabras para referir a un niño:

1. **népios**
2. **paidíon**
3. **bréfos**
4. **korásion**
5. **país**
6. **dselázo**

7. **gennáo**
8. **nepiázo**

Estos términos en una sola palabra son: **niños**, pero cuando examinas cada una, puedes ver en la edad y estatura que estaban, pero aun así son considerados de un adolescente, hacia un recién nacido; de tal manera que con esto podrías investigar el por qué de la reacción que pudiste ver en **Marcos 9:17-21**.

El Diagnóstico

Ahora bien, podría ser que uno de esos términos griegos, trasladados al español en las diferentes versiones de la Biblia, sean ofensivos para algunos, por eso mostraré un versículo en el evangelio de Mateo donde se hace igualmente una referencia al mismo caso del evangelio de Marcos:

Mateo 17:15 LBA

Señor, ten misericordia de mi hijo, porque es ***epiléptico*** *y sufre terriblemente, porque muchas veces cae en el fuego y muchas en el agua.*

Ahora observa cómo lo tradujo esta versión de la Biblia:

Mateo 17:15 BNC

…le dijo: Señor, ten piedad de mi hijo, que está ***lunático*** *y padece mucho; porque con frecuencia cae en el fuego y muchas veces en el agua;"…*

Esto es necesario analizarlo desde el punto de vista cultural de aquel entonces; esto lo digo para que vayas comprendiendo la sensibilidad en el alma de un ser humano que está en pleno desarrollo físico y considerado como niño, según la palabra que utilizaban.

Definiendo la Palabra Epilepsia

Esa palabra se compone de 2 términos:

5. **Epi: Sobre.**
6. **Lep: Coger, tomar.**

Médicamente significa:

2. Afección cerebral crónica que provoca crisis recurrentes debidas a descargas excesivas de impulsos nerviosos por las neuronas cerebrales. Esto es muy interesante porque entonces hay un movimiento químico.

3. Más del 30% de los casos de epilepsia se

atribuye a una falta de oxígeno durante el parto, graves heridas craneales, **tumores cerebrales**, **envenenamiento**, infecciones cerebrales o golpes. Al referirme a la palabra envenenamiento, no significa solamente que tomó una sustancia nociva, sino que puede ser envenado a través de virus y bacterias de microorganismos que entraron como agentes patógenos por cualquier parte; y al ser microscópicos, pueden hacer un fuerte daño.

En otra investigación que realicé, Dios me mostró en Su palabra que hay una guerra espiritual, la cual la titulé, **LA GUERRA ESPIRITUAL EN EL NIVEL DE LOS VIRUS**, no estoy diciendo que los virus sean demonios, pero hay demonios que operan con la dinámica de los virus; la base bíblica para que lo corrobores está en el Salmo 91 cuando dice que hay **plagas** y **epidemias** o como lo dicen otras versiones, peste **destructora**; pero entonces el punto es que, sean plagas, epidemias o pestes, son males que producen los agentes microscópicos, entiéndase, virus.

Una vez comprendido ese punto, puedo decir que algunas formas de epilepsia parecen tener un componente genético. No obstante, en la mayoría de los casos la causa es desconocida.

Los Orígenes de la Palabra Lunático

Palabra en latín que significa luna o lunar.

7. En los días del Señor Jesús los rabinos creían que esa enfermedad estaba ligada a los ciclos de la Luna.
4. Por eso un lunático significaba, "Uno que es golpeado o influenciado por la luna". De esto habría mucho más que explicar si vemos que la Luna tiene ciclos, la creencia e influencia de la Luna sobre los líquidos; pero lo más importante es llegar a analizar lo que crea una víctima, qué es lo que puede afectar a una persona, que a pesar de tener restitución se sigue victimizando, como el caso de Mefiboset.

Para los judíos:
La luna estaba conectada con muchas cosas de manera que ellos usaban un calendario lunar (no solar como el nuestro).

- **Los meses eran establecidos por los ciclos de la luna.**

Todo esto entonces para que puedas ver que el reino de Satanás, tiene un sistema muy antiguo el cual es aprovechar los tiempos de mayor sensibilidad del ser humano, los cuales viene a ser los tiempos de la niñez, porque si Satanás afecta a un niño, está asegurando un adulto con problemas, es como si sembraras una semilla, la tierra donde la siembres podría cambiar, pero la semilla ya se sembró y en cualquier momento podría producir el fruto para el cual se sembró la semilla. Es por eso que necesitamos ser sensibles, con el propósito de poder ministrar niños, lo cual es totalmente diferente a ministrar un adulto o liberar a un adulto.

El que ministra niños debe saber que ese pequeño ser humano tiene un mayor grado de sensibilidad y si no eres consciente de esa situación, que estés en el entendido de querer hacer un bien; podría llevarte a dañar más a un niño porque desconoces los miedos, según las edades, que son miedos naturales o innatos. Si tomas a un niño para reprender lo que pueda tener dentro; en lugar de ayudarlo, puedes dañarlo más.

Considerar Los Miedos Innatos De La Niñez

Debes considerar entonces que los miedos

innatos de la niñez, son naturales, por consiguiente, temen a la naturaleza de los ruidos, o sea, los ruidos fuertes o los que se acercan demasiado rápido. Para calmarlos y brindarles seguridad hay que acariciarlos y tenerlos en brazos. De manera que el orden de orar por liberación, se debe considerar muy delicadamente para ayudar y no afectar más al niño. Pero todo esto me lleva a ver que un niño siempre estará necesitado de seguridad y afecto; si tiene miedo, la forma de contrarrestarlo es brindándole seguridad y afecto, principalmente de parte de sus papás.

Los Miedos de los Niños de 2 a 3 Años de Edad

Esta es la siguiente faceta del miedo en la niñez:

1. **Miedo de separarse de sus padres.**
Este es un miedo que crea inseguridad.

2. **Miedo de los desconocidos.**
Este es un miedo que puede crear timidez.

3. **Miedo de los animales.**
De aquí puedo ver cómo es que el sistema de

caricaturas en la televisión se ha incrementado en el sentido de transmitir una especie de monstruos, supuestamente amigables, y no lo que ya era tradicional; el propósito es que la mente de los niños esté familiarizada con este tipo de personajes de tal manera que cuando tengan que enfrentarse con potestades, no las rechacen y puedan establecer una conexión y sentir la amistad con esas criaturas de las tinieblas. Pero el niño innato a la edad de los 2 a los 3 años, su miedo natural es a los animales porque los ven como criaturas que se salen de lo convencional, ellos saben perfectamente quién es su mamá y su papá, pero por lo demás a su alrededor puede crear fobias.

Esta es la razón por la que los niños pequeños no se dejan tomar en brazos por personas que les resultan desconocidas, ya están aprendiendo a distinguir. Claro que toda esta situación está basada en un hogar normal, en la vida de un niño en un hogar normal, porque habrá que ver entonces lo que sucede con aquellos niños que los abandonaron sus padres, por lo tanto, desde ahí ya le crearon un nivel de inseguridad lo cual está íntimamente ligado a las fobias, al miedo, al terror

Los Miedos de los Niños de 3 a 4 Años de Edad

1. **Miedo a la oscuridad.**
Esta situación hace que sean muy dependientes de los padres.

2. **Miedo a los seres imaginarios.**
Dentro de estos, están los fantasmas, monstruos; a esta edad aun no distinguen lo real de lo imaginario.

3. **Miedo a las tormentas.**
Son miedos exagerados que ellos no alcanzan a comprender lo que está sucediendo.

Es muy lamentable saber que en algunos casos los niños son sometidos a ciertas correcciones, dejándolos en habitaciones, no solamente a solas, sino que, a obscuras, lo cual contribuye a crear una identidad de víctima.

Los Miedos de los Niños de 6 a 11 Años de Edad

1. **Continua el miedo a los fantasmas.**

Si continua en vez de disminuir, el miedo es de un espíritu de temor.

2. Miedos en la escuela

Miedo a ser ridiculizado.

En esta etapa los niños tienen miedo a:

1. Ser ridiculizados.
2. Las exigencias de los padres.
3. El rechazo (confunden crítica con rechazo).

Es importante ver si el miedo de los niños es una imitación del miedo de los padres por cuanto, así como el valor; el miedo también es contagioso. En esta etapa de los niños es más complicada porque ya empezaron a tener conciencia de las cosas, pueden analizar a lo que se mueve a su alrededor y se desarrollarán de acuerdo a lo que lleven en su alma; si es de víctima, eso desarrollarán, pero potencializado por el miedo.

En la actualidad existen programas especiales para niños con todo tipo de problema y se les brinda el seguimiento, de acuerdo a sus necesidades especiales; sin embargo, **¿cómo puede sentirse un niño que está dentro de un grupo y que de pronto lo apartan de los demás para llevarlo a otro grupo?**, de alguna forma debe sentir cierto rechazo porque no está encajando dentro de lo normal o en un grupo general; en tal caso el niño puede analizarlo y concebirlo como un rechazo y situarse como víctima.

Todo esto, sin contar con otras situaciones como lo he enseñado oportunamente; en el momento cuando una mujer está dando a luz un niño o niña; la familia entera quiere ser testigo ocular del momento cuando llegue el nuevo miembro de la familia. Sin embargo, hay que considerar que la mujer puede sentirse degradada por la posición de parto en la que se encuentra, sentir mucha vergüenza; ciertamente con mucho dolor en su cuerpo, pero también en su alma porque está siendo objeto de exhibición donde su esposo estuvo de acuerdo a que la gente la viera sin limitaciones; y por si eso fuera poco, el niño o niña que está por nacer, está recibiendo igualmente aquella emoción de miedo por lo que está viviendo su mamá, porque ella se lo transmite a través del cordón umbilical de donde él niño o niña reciben el sistema emocional también.

Con esto puedes ver entonces que las etapas para formar una víctima; las tinieblas las inician aun desde antes que la persona salga del vientre de su mamá; eso significa que muchos de los problemas que tiene un adulto, sus raíces están casi desde su fecundación en el óvulo, lo que ahora corresponde es saber qué sucedió en esas etapas porque puede ser muy peligroso si aquella persona no es ministrada y liberada adecuadamente porque eso mismo que se creó en su niñez, puede ser trasladado a sus generaciones.

Además, ese es el principio bíblico en cuanto a que nadie puede ayudar a otro que tenga un daño; dicho en otras palabras: un ciego no puede guiar a otro ciego; una persona con una herida sangrante, no puede ayudar a otro que esté igualmente herido en su alma. Es por eso la importancia de conocer lo que hay en tu alma antes de ayudar a otros; una vez esto controlado, puede empezar a conocerse el alma de los demás, en caso contrario, aunque seas buen predicador, la palabra llegará y será recibida pero pronto se perderá por las heridas en la gente.

El fortalecimiento que pueda tener el espíritu es muy importante, sin embargo, también debes darle la importancia necesaria al alma y cuerpo, aunque el cuerpo de alguna forma tendrá una repercusión directa por lo que el alma pueda experimentar. Por eso Dios ha permitido que los tratamientos al alma, sean por aquellos que experimentan situaciones difíciles en el alma, pero por la mano poderosa del Señor hoy estás en pie y puedes decir todos los días: **hasta aquí me ha ayudado el Señor...** sabiendo entonces que eres una persona restaurada en el alma, o cuando menos tienes un porcentaje bastante avanzado de esa restauración, como muchos, por no decir como todos; puedes comprender el sentir de las personas que necesitan ayuda, porque has podido experimentar que a través de la misericordia de Dios, en ministración y liberación se puede poner un alto a la destrucción del enemigo y empezar a restaurar una vida que esté dispuesta a ser ayudada por la mano del Señor Jesucristo, pero para todo eso es necesario que seas sensible a la necesidad de los demás.

Recuerda que si Dios te llamó a trabajar en Su obra en el área de ministración del alma, es porque sabe que le has sido fiel y que te has dejado trabajar para ser un vaso de bendición a Su pueblo, eres un siervo o sierva trabajado en las manos de Dios y no un profesional de escritorio con títulos teológicos que pretende usar reglas de un sistema humanista para ayudar a los demás; Dios te ha escogido porque sabe que puedes comprender el dolor del alma de otra persona y que puedes ayudarlos a salir del ataque de las tinieblas, pero también porque estás siendo equipado y aunque no es por teorías de hombre; podrás realizar este trabajo con excelencia.

Los Miedos de los Niños de 13 a 18 Años de Edad

1. **La batalla de quiénes son.**
Esto es la crisis de identidad del niño.

2. **La desaprobación.**
Está relacionado con lo que sus padres no lo apoyarán.

3. **El futuro.**
El mundo les exigirá y si ellos no tienen fortaleza en su alma, no tienen valores ni principios y contrario a eso tienen complejos, traumas y otras cosas; el mundo los llevará a lo peor que jamás hayan vivido. Es muy lamentable que, en los centros de estudio, a esa edad, les formen burla porque aún son vírgenes, esto es tanto en hombres como en mujeres, pero son más afectadas las mujeres; es ahí donde pueden verse acosadas incluso a la prostitución, pero todo es encausado por la victimización que puedan llevar en el alma,

porque eso las hace ver que podrían encontrar atención en otro lado. No así, los hijos e hijas que valoran lo que sus padres han hecho por ellos y tienen el valor suficiente para decir NO a los acosos sin importar de dónde provenga.

4. Intimidación y rechazo.

Está íntimamente relacionado con el incremento de la automutilación y suicidio. Esta situación tiene lugar ante la incapacidad de hacerlo contra otras personas; algunos, cuando llegan a esa edad toman esas medidas porque es el escape que encuentran ante la victimización que están experimentando.

- **Por eso, la ministración de los padres hacia los hijos debe ser de elogiarlos cuando sea oportuno, reconociendo su esfuerzo.**

- **Enseñarles a tener fe en Dios y que en El todo lo podrán alcanzar porque es quien los fortalecerá.**

- **En todo tiempo debe haber un sentimiento de aprecio de los padres hacia los hijos.**

Actitud Correcta Para la Liberación

¿Cómo podemos ayudar los padres, a hijos adolescentes?

1. **Nunca ridiculizarlos:**

Por ejemplo, diciéndoles:” Ahí viene el miedoso”.

2. **Siempre debemos alentarlos:**

Pero nunca empujarlos a hacer algo que temen.

3. **No sobreprotegerlos:**

No debes hacer las cosas por ellos, es mejor que se desarrollen, aunque bajo una supervisión.

4. **Nunca transmitirles miedos:**

Los hijos no son tus confesores, amigos, socios, psicólogos o personas contables para decirles cuáles son tus problemas; un niño no puede ministrar a sus padres.

TABLA DE MINISTRACION AL ALMA DE UN NIÑO

0 al 2	El humano en su infancia desarrolla su confianza o desconfianza.
2 al 4	A esta edad se desarrolla la autonomía o la duda.
4 al 6	A esta edad se desarrolla la iniciación propia o la culpabilidad, lo bueno y lo malo.
6 al 12	A esta edad el carácter de inseguridad o industrialidad
12 al 20	A esta edad desarrolla la identidad o confusión.
20 y más	A esta edad responderá con timidez, solitario o dándose el valor adecuado.

1 Corintios 13:11 LBA
Cuando yo era niño, hablaba como niño, pensaba como niño, razonaba como niño; pero cuando llegué a ser hombre, dejé las cosas de niño.

Lucas 2:42 LBA
Y cuando cumplió doce años, subieron allá conforme a la costumbre de la fiesta...

Lo óptimo: Todo hijo, es decir niño, debería experimentar una ministración y liberación de esas etapas y de sus miedos, complejos, o traumas.

8. Pablo habla de esa liberación.
9. El Señor Jesucristo dio el ejemplo, aun sin ser alguien atormentado por espíritus. (Así como nos dio ejemplo del bautizo, sin ser pecador).

La ceremonia del hijo del precepto: A los 12 años en los ortodoxos, y a los 13 años tradicionalmente.

Esta es la celebración de la transición de niño a adulto, pero lleva implícito también la idea de ser liberado de la esclavitud, de las etapas dolorosas de la niñez.

Ejemplo de Niños No Liberados

Como puedes notar, el ambiente estricto llevó a Sansón a que viviera una vida desenfrenada, la etapa de un niño reprimido lo llevó a que de adulto fuera rebelde; fueron estados extremos. Después puedes ver que la etapa de un niño frustrado lo llevó a que de adulto fuera codependiente.

1 Samuel 15:17 LBA

Y Samuel dijo: ¿No es verdad que aunque eras pequeño a tus propios ojos, fuiste nombrado jefe de las tribus de Israel y el SEÑOR te ungió rey sobre Israel?

1 Samuel 13:11-14 LBA

11 Pero Samuel dijo: ¿Qué has hecho? Y Saúl respondió: Como vi que el pueblo se me dispersaba, que tú no llegabas dentro de los días señalados y que los filisteos estaban reunidos en Micmas, 12 me dije: "Ahora los filisteos descenderán contra mí en Gilgal, y no he implorado el favor del SEÑOR." Así que me vi forzado, y ofrecí el holocausto. 13 Y Samuel dijo a Saúl: Has obrado neciamente; no has guardado el mandamiento que el SEÑOR tu Dios te ordenó, pues ahora el SEÑOR hubiera establecido tu reino sobre Israel para siempre. 14 Pero ahora tu reino no perdurará. El SEÑOR ha buscado para sí un hombre conforme a su corazón, y el SEÑOR le ha designado como príncipe sobre su pueblo porque tú no guardaste lo que el SEÑOR te ordenó.

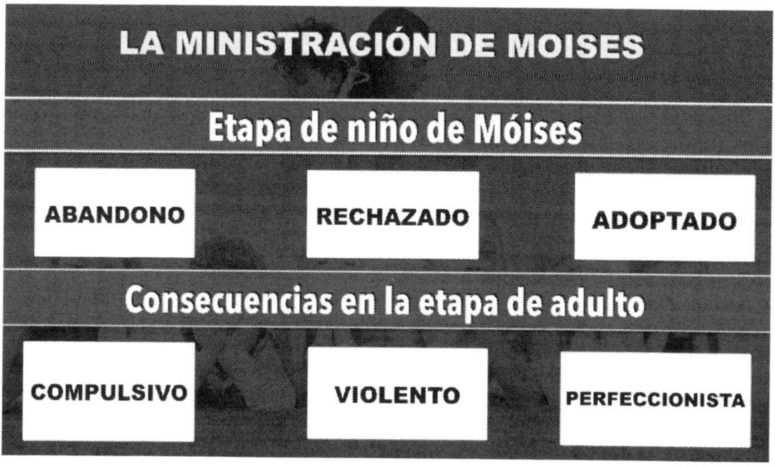

En cuanto a Moisés, el no pudo comprender de niño el por qué lo abandonaron sus padres y dejándolo a la deriva en un río; tuvo que sentir un rechazo y después verse en una casa que no era la suya y adoptar costumbres que no eran propias de él; eso lo llevó a que fuera compulsivo, violento y perfeccionista.

Las Clases de Espíritus Que Más Frecuentemente Atacan la Niñez

Para saber contra qué vas a batallar, debe darse la ministración del alma y entonces poder discernir en saber qué espíritu es necesario expulsar:

1. Los espíritus se pueden descubrir por la simple observación del niño.

2. A través de los padres.

De aquí entonces puede surgir qué es lo que procede hacer por aquello que se les heredó:

Maldiciones Heredadas:
1. Aborto.
2. Actividades criminales.
3. Adulterio.
4. Bestialidad.
5. Desprecio a los parientes.
6. Divorcio.
7. Fornicación.
8. Homicidio.

Si no se rompe con esto, seguirá de generación en generación.

NOTAS

NOTAS

NOTAS

NOTAS

CAPÍTULO 7

MÉTODOS Y ESTRATEGIAS QUE FORMAN VÍCTIMAS

En el capítulo anterior pudiste ver cómo es que Satanás está enfocado en dañar a una persona, aun desde que está en el vientre de su mamá y cómo es víctima de los malos tratos que recibe su progenitora, aun avergonzándola cuando está dando a luz al niño o niña; si ella recibe un buen trato, el niño es estimulado adecuadamente, pero si ella recibe un mal trato, el niño igualmente será dañado en su memoria emocional por cuanto es la mamá la encargada de formar esa memoria a través del cordón umbilical por donde corre el torrente sanguíneo, medio por donde el niño recibe esa formación, sea buena o no.

Las Memorias Que Crean Una Víctima

1. **La memoria intelectual.**
2. **La memoria del cuerpo.**

1.- LA MEMORIA INTELECTUAL, se le llama

de esa manera al conjunto de información almacenada mediante la experiencia.

1. Esta información es recogida por los sentidos.
2. La transforma como en una fotografía.
3. Es almacenada en el cerebro. (solo se menciona una palabra relacionada con el evento y surge la fotografía).
4. Es lo que hace consciente a la persona del evento o trauma que ha vivido.
5. Pero también es inconsciente porque se vuelve familiar, es decir se vuelve parte de la personalidad de la persona.
6. Depende de qué es lo que se haya almacenado en la memoria de la persona; será por un vínculo que traerá a su memoria la experiencia vivida.

El crecimiento de la mentalidad de víctima:

1. Esto surge cada vez que la persona que tiene mentalidad de víctima, cuenta su historia a personas que no saben cómo ayudarle, o no pueden ayudarle, etc.
2. Eso trabaja en enraizar más su recuerdo y victimización.

Todo lo que hoy estás aprendiendo, en algún momento podrías encontrar en el mundo una oposición, por cuanto la psicología dice que hay recuerdos que son inolvidables, pero cuando ves en la Biblia, dice que no hay que adaptarse a este mundo; dicho en otras palabras, no hagas vida lo que dice el mundo, sino que debes ser transformado mediante la renovación de la mente; eso significa que si renuevas tu mente, las cosas desagradables que hayas vivido, quedarán totalmente en el olvido.

Esta situación es parte de la base que he enseñado y que no está demás volverlo a mencionar, en cuanto a la renovación de la mente; además está comprobado que el ser humano tiene 60,000 pensamientos diarios de cuales 54,000 son los mismos a diario, además de los pensamientos repetidos, el 90% son pensamientos malos.

Por eso, solamente se puede salir de esa situación por medio de la renovación de la mente, aunque para esto también es necesaria la disciplina, lo cual significa cambiar todas las fuentes de información en la vida de la persona; es como si alguien cambiara totalmente de biblioteca, echará fuera todos los libros viejos, para darle lugar a los nuevos que te hablen que eres una criatura nueva, de que hay esperanza a tu vida, que las cosas viejas han pasado y que todas son hechas nuevas, que todo lo puedes en Cristo que te fortalece, etc., eso es lo que implica una renovación de mente para no darle oportunidad a que el acusador pretenda hacer que los actos del pasado sean recordados.

Representación de Cómo Crecen los Pensamientos

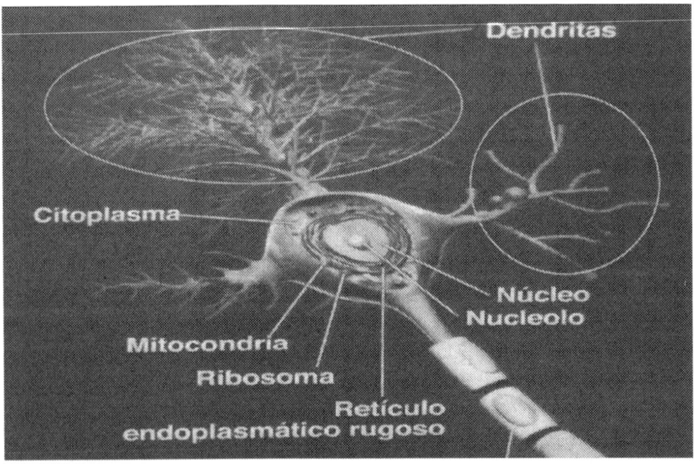

En la imagen adjunta, se puede apreciar cómo crecen los pensamientos; lo que está encerrado en el círculo pequeño, es como la primera faceta de los pensamientos hasta que llegan a verse como está en el círculo más grande, donde se multiplicaron, principalmente cuando son pensamientos negativos, no es posible desecharlos hasta que hay una disposición por renovar los pensamientos; ahí es donde esa especie de ramas, empiezan a desprenderse y surge el nuevo pensamiento y se empieza a multiplicar como floreciendo pero de cosas positivas, porque los pensamientos también pueden dar frutos nuevos, de tal manera que si desechamos lo negativo, lo que tendremos será un fruto nuevo y positivo. Pero entonces todo esto para que veas que si hay una forma de cambiar la mentalidad.

Representación de Pensamientos Agrupados

- Los pensamientos son impulsos eléctricos, sustancias químicas y neuronas. Se parecen a un árbol con ramas, como ya lo había señalado y que puedes ver gráficamente en la imagen arriba insertada.
- En la medida que los pensamientos crecen y se vuelven permanentes, crecen más ramas y las conexiones se vuelven fuertes.
- Todo pensamiento es el producto de una

palabra, de una imagen, o de algún evento negativo del pasado.

Renovación de pensamientos: a medida que cambias los pensamientos, desaparecen algunas ramas, se forman otras nuevas, cambia la fuerza de las conexiones y las memorias se conectan en red con otros pensamientos.

Aquí es donde la ministración al alma juega un papel importante para evaluar el porcentaje de la mentalidad de víctima.

2.- LA MEMORIA DEL CUERPO, entra en escena después de cada evento, por ejemplo: accidentes, caídas, dolores, traumas, etc. Al tener un accidente, abuso físico, violación sexual etc., se activa la memoria corporal y su capacidad de recordarlo posteriormente; aunque el recuerdo de la memoria intelectual se haya debilitado u olvidado, el sistema del cuerpo lo sigue teniendo almacenado y de repente vuelve a sentir los dolores, los abusos, manoseos, etc. A esto se le puede llamar, según la Biblia Róterdam, **"códigos en los miembros"**, por ejemplo:

Proverbios 30:19

...y el rastro del hombre en la doncella.

Aquí es donde entra lo que describí como

manoseo, porque no existe una herida física que la puedan ver los demás, pero quedó codificado porque es el momento cuando una doncella pierde su inocencia; es acosada sexualmente o abusada y queda grabado como "memoria del cuerpo". Esto es tan cierto que incluso la persona puede sentir el peso o áspero de aquella mano que abuso de ella, por la codificación que fue grabada en la memoria del cuerpo.

¿Por Qué o Cómo Funciona Esto?

Porque el rastro se convierte en el código y el código en una ley en el cuerpo, es lo mismo que dice el Apóstol Pablo:

Romanos 7:23 LBA

...pero veo otra ***ley en los miembros de mi cuerpo*** *que hace guerra contra la* ***ley de mi mente****, y me hace prisionero de la ley del pecado que está en mis miembros.*

No habría ley de los miembros o códigos, si no existiera la memoria del cuerpo; pero con esto puedo ver entonces que no basta con ministrar la memoria intelectual, sino que debe haber una ministración de la memoria del cuerpo también, porque si llega el momento en que a través de la memoria del cuerpo recuerda ciertos eventos, esa ley del cuerpo activa el código de la mente. De tal manera que puede haber una lucha por olvidar algunos eventos en la mente, pero si el código sigue en el cuerpo, se puede activar nuevamente en la mente; eso significa que debe haber una ministración de esa ley en los miembros.

Aquí es donde la liberación al alma es necesaria para poder anular los códigos y como consecuencia la ley de los miembros y la memoria del cuerpo.

3.- LA MEMORIA EMOCIONAL; mucha de las memorias, son almacenadas en las emociones; por eso debemos estar conscientes que, si Dios no te ayuda en esto, nadie podrá. De aquí entonces que viene el siguiente análisis:

1. ⅔ de emociones y ⅓ de otras cosas.
2. 95% de la liberación de un trauma se encuentra en la memoria emocional.
3. 80% de los problemas de la salud física, emocional y mental son el resultado directo de los pensamientos.

La conexión fisiológica:
Existe una conexión entre los pensamientos, las emociones y el cuerpo. Según la Biblia existen 2

formas de alcanzar la sanidad; podría decir que 1 está en la Iglesia y la otra fuera de la Iglesia:

1.- Sanidad humanista
Número según el Diccionario Vine #2323 {therapeuo}

Significado:
1) servir, hacer el servicio.
2) para sanar, curar, restaurar la salud.

Esto tiene lugar en gente que busca a través de las terapias, sanar las emociones, los recuerdos de la memoria intelectual, incluso sanar emocionalmente por medio de un tratamiento, por lo tanto, sana de forma temporal y no garantiza la paz que solamente Dios puede ministrar.

2.- La sanidad de Dios:
Este **no** es un tratamiento o una terapia, es la sanidad que se hace por el Espíritu del Señor.

Número según el Diccionario Vine #2390 iaomai {ee-ah'-om-ahee}
Significado:
1) para curar, sanar a.
2) para hacer todo.
3) para liberar de los errores y pecados, para llevar a cabo (su) salvación (**Lucas 4:18 R60**).

Cuando el Espíritu Santo entra para sanar la memoria, busca todas las partes de aquel mal recuerdo, con el propósito de destruirlas por completo y que aquel trauma no vuelva jamás.

IAOMAI: Es estar bajo la ministración del ministerio de consejería del Espíritu Santo.

1. El Espíritu Santo mientras sana la herida del alma también va consolando.
2. El Espíritu Santo busca los sectores malos, los puntos dañados para sanarlos.
3. El Espíritu Santo va hasta las raíces del problema.
4. El Espíritu Santo usa la palabra para SANAR.

El Principio de la Liberación y la Sanidad Interior

No somos los responsables de lo que hicieron en nuestras vidas, pero si somos responsables de buscar la sanidad y la restauración. Heridas o traumas no sanados, invitan a fuerza demoníacas para construir una fortaleza en la mente, por eso fácilmente nos enojamos, caemos en depresión o nos sentimos insatisfechos. Aquí es donde la sanidad interior o del alma es necesaria y para eso se necesita el cambio de mente.

LA ESTRATEGIA QUE CREA VÍCTIMAS

Todo comienza con una realidad, es decir:

1. Primero la persona es una víctima real de algo o de alguien.
2. Segundo la nutrición de la imaginación y la mentalidad de víctima.
3. Tercero un espíritu de víctima es adherido a la persona.

1.- EL LENGUAJE DE VÍCTIMA

El lenguaje de víctima comenzará a evolucionar:

1. Es decir, la persona comienza a quejarse cada vez más en vez de buscar ayuda espiritual para cambiar el lenguaje.
2. De esa forma estará **nutriendo** su propio espíritu humano con un espíritu humano de víctima.
3. Pero debes notar que **no** es un espíritu del mundo de las tinieblas.

2.- LA MENTALIDAD DE LA VÍCTIMA

El lenguaje de víctima ya evolucionado:

1. La segunda faceta es un pensamiento de cautividad del evento en donde se fue una víctima real.
2. Es decir, la persona comienza a establecer la mentalidad de víctima.

Se llama: la nutrición de la imaginación y la mentalidad de víctima.

3. Nutriendo su propia mente con un dialogismo de víctima.
4. Aquí tampoco es un espíritu del mundo de las tinieblas.
5. Ha caído cautivo de su propio pensamiento.

3.- EL ESPÍRITU DE VÍCTIMA

Asignación del espíritu de víctima.

1. Cómo evolucionó el lenguaje y la mentalidad, ahora es asignada una potestad negativa y de víctima.
2. Los demonios que se adhieren a las personas, causarán más consecuencias indeseables e identificables.
3. El lenguaje y el modo de pensar no

sólo precede al espíritu de las tinieblas, sino que es lo que en realidad abrió la puerta para el mundo espiritual.

Los Ciclos del Espíritu de Víctima

1. El abuso: por personas cercanas.
2. La deshonra.
3. La decepción.
4. Los valores atacados.
5. El gozo atacado.
6. El potencial debilitado.
7. Víctima de enfermedades.
8. Víctima de economía.
9. Pobre en relaciones.
10. Pobre en oportunidades.
11. Batalla entre maldiciones y bendiciones.
12. Acostumbrado a vivir y hasta morir como víctima.
13. Se puede volver en el victimario.

Definiendo Un Trauma

Lucas 10:33-34 LBA

33 Pero cierto samaritano, que iba de viaje, llegó adonde él estaba; y cuando lo vio, tuvo compasión, [34] *y acercándose, le vendó sus* ***heridas****, derramando aceite y vino sobre ellas; y poniéndolo sobre su propia cabalgadura, lo llevó a un mesón y lo cuidó.*

#G5134 trauma {trow'-mah}
Significado: una herida

De la base: 2352 thrauo {throw'-o}
Significado: romper en pedazos, golpear a través de...

Un Trauma emocional: es cualquier daño o herida que causa un efecto duradero en el desarrollo psicológico, emocional o espiritual de una persona.

Trauma múltiple es: "Las heridas y contusiones no sanadas en el alma, causan daños duraderos en el desarrollo psicológico, espiritual o emocional de una persona y en algún momento producen una descarga emocional, afectando el espíritu y dando lugar al **trauma** en el espíritu humano.

CONCEPTO DE TRAUMA

Un concepto muy común acerca del trauma, pero interesantes dice:

Trauma de la palabra griega, significa "herida",

y tiene la idea que deriva del término "perforar". Siendo así que un **TRAUMA** es una herida o perforación o agujero en el alma y hasta el espíritu humano.

ETAPAS EN LAS QUE PUEDE DARSE TRAUMAS

1. En la edad prenatal.
2. En la niñez.
3. En la adolescencia.
4. En la edad adulta.
5. En la etapa matrimonial.

¿CÓMO SE PERFORA O AGUJERA EL ALMA?

1. Abuso físico, sexual, mental.
2. Violencia.
3. Asaltos.
4. Accidentes.
5. Abandonos.
6. Violaciones.
7. Rechazos.
8. Experiencias donde la persona se sintió amenazada.
9. Divorcio.
10. Muerte de un familiar o de alguien cercano.
11. Experiencias cercanas a la muerte.

LOS INDICADORES DE LOS TRAUMAS

1. La ira inexplicable o anormal.
2. La depresión, el miedo, la ansiedad.
3. La vergüenza, la inseguridad, la falta de fe irracional, autocompasión, etc.

El trauma: Es una herida que puede llegar hasta el espíritu, es una apertura para el enemigo en la vida del que es víctima.

Proverbios 25:28 NVP

Como una ciudad cuya muralla ha sido derribada, es el hombre cuyo espíritu no tiene freno.

Los agujeros o heridas no cicatrizadas, serán los traumas que invitarán a las fuerzas demoníacas para obtener dominio sobre la persona y controlar su estado anímico y espiritual, de tal manera que la persona sufre ciclos de resentimientos, hasta que experimenta una sanidad interior. A menudo las personas sufren con cosas tales como la depresión, la ira, victimización; porque están heridos y no han sanados aún.

El deseo del enemigo es herir a las personas de todas las formas y en todas las etapas de su vida. Esto implica que hay que pasar por un proceso llamado liberación y sanidad interior, (esto lo enseñé en otro capítulo), por medio del cual Dios restaura de las cosas del pasado. No puedes esperar que el tiempo borre las heridas, porque eso no sucederá.

La gente herida daña a los demás, las personas sanas, sanan a otros.

Hebreos 12:15 LBA

Mirad bien de que nadie deje de alcanzar la gracia de Dios; de que ninguna raíz de amargura, brotando, cause dificultades y por ella muchos sean contaminados...

La Falta de Perdón

El perdón no es un sentimiento, sino una decisión que debes tomar para destruir la barrera negativa.

Marcos 11:25-26 LBA

25 Y cuando estéis orando, perdonad si tenéis algo contra alguien, para que también vuestro Padre que está en los cielos os perdone vuestras transgresiones. 26 Pero si vosotros no perdonáis, tampoco vuestro Padre que está en los cielos perdonará vuestras transgresiones.

DEFINICIÓN DEL PERDÓN

1. Perdonar no significa que "no habrá consecuencias".
2. Perdonar es la forma de Cristo para continuar tu vida.
3. Perdonar es no llevar la marca de la debilidad.
4. Perdonar es uno que conserva su fuerza, su poder para elegir perdonar, para elegir lo correcto.

NOTAS

NOTAS

NOTAS

NOTAS

CAPÍTULO 8

LOS PRINCIPADOS DE LAS TINIEBLAS

Hablar de las operaciones de los principados de las tinieblas, es un tema en la tarea que desarrollas ministerialmente, aunque también puede ser que no seas ministro de orden primario, pero tienes delegación; por consiguiente, eso te permitirá comprender lo que también se llama **"Las operaciones de interdicción en una liberación"**. Con esto también debes saber, que el poder tener autoridad de parte de Dios para echar fuera demonios, es parte de la gran comisión; te dieron esa autoridad al igual que a toda la cristiandad, un nivel de autoridad para reprender entidades espirituales, incluso el recién convertido lo podría hacer si tiene fe respecto a la autoridad que le ha sido delegada en el nombre de Jesús; aunque no toda la cristiandad tiene el ministerio para liberación, también es posible que haya gente dentro de los grupos que están siendo equipados, que tiene el llamado ministerial para la liberación, solamente necesitan terminar de ser equipados y continuar su búsqueda de Dios porque en El siempre habrá algo nuevo para aprender.

También debo aclarar que el **ministerio de liberación, no es de carácter primario**, pero puedes ejercerlo con todo el poder que Dios te delegue bajo una cobertura ministerial; pero entonces por eso que es básico el equipamiento, porque ahí es donde conocerás la estructura espiritual, para poder diferenciar entre espíritus genéricos, principados, comprender el modus operandis de las tinieblas que no cambia y que está basado en 5 tiempos en los cuales Satanás y sus entidades examinan en cada persona; sabiendo que si él logra recopilar la información necesaria de una persona o familia, entonces puede preparar el modus operandis para estorbar o cumplir el propósito maligno contra determinada persona.

Por eso, cuando sientes en el fondo de tu corazón el llamamiento que Dios te ha hecho, refiriéndome al ministerio de liberación, debes estar adecuadamente equipado, con el conocimiento de parte de Dios de lo que debes hacer en cada situación que se presente, así como también saber a qué te puedes estar enfrentando. Digo esto porque puede ser que seas un ministro de orden primario, sin embargo, estás interesado en ser equipado en el ámbito de la liberación a un nivel ministerial donde Dios te equipará porque los adversarios también son más fuertes de lo que no puedes imaginar.

Para poder ejemplificar a qué nivel ministerial estás siendo llevado cuando digo que estas siendo equipado para un ministerio de liberación; es como decir un ministro de alabanza; ninguno de los 2 es de orden primario, pero de algún modo se les puede reconocer el llamado que Dios les ha hecho bajo una cobertura de orden primario.

Por otro lado, hablar de **INTERDICCIÓN** es hablar de quiénes están presentes en una liberación, aunque no los veas por cuanto en ese momento estás en mayor contacto en el mundo material, eso no significa que no haya un mundo espiritual rodeándote. Sin embargo, las potestades de las tinieblas reconocerán en ti la voz delegada por Dios para levantarse a batallar en el nombre de Jesús y entonces invocar las entidades que actúan a favor de una liberación; porque al final debes comprender entonces que solamente eres un vaso que Dios usa en un mundo material, para liderar huestes espirituales a favor del que está en cautiverio y que está luchando por su liberación.

Cuando un guerrero de Dios va a una batalla espiritual y pasa por alto la interdicción, es porque esa persona se ha familiarizado demasiado con lo que sucede en medio de la liberación. Es por eso que la familiaridad es un fenómeno que te puede hacer práctico, mecánico, pero también insensible a la realidad invisible o espiritual, ¿por qué?:

1. Porque puedes enfocarte sólo en lo físico.
2. Puedes enfocarte solamente en lo que veas y palpas.
3. Cuidas de las personas y te enfocas nada más en ellos, pero pasando por alto quiénes más están presentes en el ambiente espiritual; es como decir que se ha perdido lo reverente a esta área.

En todo esto lo que ha sucedido muy a menudo es que algunas personas dominan de tal forma su trabajo o ministerio, lo memorizan y se olvidan que el mundo material es producto del mundo espiritual, por consiguiente, debe existir una conciencia de lo que se está moviendo y que puede hacer estragos si no se tiene el discernimiento necesario ante cada liberación. Al final siempre existirá un requerimiento espiritual en la vida de la persona que tiene un ministerio de liberación, con el propósito de salir en victoria, producto de haber estado siempre en la poderosa mano de Dios como el vaso que El desea usar en muchas batallas, sin que esto tenga una repercusión negativa por parte de las tinieblas como podría ser un contragolpe y que te sorprendan en el momento menos pensado.

El problema es que a veces la gente quiere entrar en plena batalla espiritual y no se ha preparado espiritualmente, no ha orado, ni siquiera ha leído la Biblia porque lo han llevado a un nivel que lo ven como una monotonía; sin embargo el mundo espiritual si valora todo eso y cuando logran detectarlo, puede ser que no seas efectivo en el momento preciso; dicho en otras palabras, aunque no estés siendo llamado para la batalla espiritual, debes tener una genuina consagración a Dios, estar lleno de Su presencia, para que Su unción de guerra espiritual esté fluyendo en el momento que se presente una situación en la que se requiera de tu intervención.

Un ejemplo a este respecto lo puedo ver en los elementos de un ejército militar en lo natural; ellos tienen su respectivo entrenamiento todos los días para estar preparados en el momento que los llame su comandante general. No pueden darse el lujo de estar descansando y cuando surja un conflicto armado y los llamen a la batalla, respondan que se van a preparar por

1 mes y después responderán si están listos o no. Ellos están preparados para responder a la batalla en cualquier momento. Lo mismo debe ser un ministerio de liberación, debe estar dispuesto para batallar en el instante que se lo pidan.

Por eso, si antes de entrar en batalla espiritual, el ministro de liberación, pudiera ver a qué demonio se enfrentará; quizá difícilmente lo enfrentaría sin estar totalmente seguro que puede derrotarlo, pero como Dios regularmente no deja ver esa situación para no ser intimidados por el mundo espiritual; entonces te llama a que estés advertido de muchas cosas y que constantemente te estés limpiando para no ser debilitado, así como estar en una constante preparación como un verdadero guerrero de luz y diestro con las armas que Dios te haya provisto.

Debo insistir que la **INTERDICCIÓN** te deja en claro entonces que así como hay huestes de las tinieblas, también las hay de parte de Dios que son las que harán batalla a tu lado, no en contra tuya, sino a tu lado apoyándote y respondiendo a las órdenes que tu pronuncies; tu voz será la bocina que Dios utilizará para lo que esos ejércitos hagan; porque si viene un endemoniado y pretende intimidarte diciendo cualquier cantidad de cosas que se le pueda ocurrir; en ese momento debes estar consciente que la delegación para el área de liberación, te provee la entidad que peleará la batalla por ti, por eso hay confianza en la victoria que alcanzarás, quizá haya intimidación, pero puede más la fuerza que te puede inyectar esa entidad de parte de Dios para vencer en el nombre de Jesús. El enemigo puede decirte que te matará, pero puedes responderle que mayor es el que está en ti, que cualquier potestad de las tinieblas.

Pero lo que deseo entonces es que veas la importancia de saber quiénes están contigo y los que están contra ti, qué principados de Dios están a tu favor y qué huestes de maldad están en oposición. Para este efecto voy a describir la siguiente cita:

Daniel 10:13-14 LBA

13 *Mas el príncipe del reino de Persia se me opuso por veintiún días, pero he aquí, Miguel, uno de los primeros príncipes, vino en mi ayuda, ya que yo había sido dejado allí con los reyes de Persia.*
14 *Y he venido para darte a conocer lo que sucederá a tu pueblo al final de los días, porque la visión es para días aún lejanos.*

En el capítulo 10 del libro de Daniel, puedes ver que aquel varón está viviendo el tiempo de la cautividad y había estado en oración delante de Dios, es ahí donde tiene lugar esta cita, donde puedes ver que está hablando a Gabriel, que siendo un ángel, estaba cumpliendo una función de mensajero, pero no cualquier mensajero porque fue el que trajo la noticia que el Padre estaba enviando a Hijo para la salvación de todo aquel que creyera en El; eso me deja ver que no podía ser cualquier ángel, Gabriel tuvo ese gran privilegio y la estructura que él encabeza, se encargan de las visiones, sueños, mensajes que viene de parte de Dios y quizá muchas cosas más, pero el punto es que tiene funciones específicas, por eso fue que Gabriel no peleó porque no tenía asignada esa tarea, sino Miguel, uno de los primeros príncipes, como lo señala esta cita.

Miguel es el que pelea mientras Gabriel entrega los mensajes de Dios; Miguel tiene la estructura de guerreros, mientras que Gabriel una estructura de mensajeros que entregan lo que llevan sin importar lo que deban hacer, aunque tienen el respaldo de Miguel. Ahora bien, lo que deseo que veas en todo esto es que ellos también operan en interdicción, reconocen las diferentes jerarquías por eso fue que ningún ángel reprendió a Satanás, porque esa es otra jerarquía, conocen esa dinámica; aun Satanás la conoce, ocupa su lugar y sabe cómo se desarrolla. Por eso creo conveniente dejar más claro el concepto de lo que esto se refiere:

Interdicción

Es una tarea táctica (una estrategia), en la que un comandante impide, interrumpe o retarda el uso enemigo de una ruta terrestre o área.

La interdicción es una operación que se lleva a cabo con el fin de completar y reforzar otras operaciones defensivas u ofensivas en curso. Por ejemplo: tropas terrestres afectadas por fuerza aérea; surge la voz líder que reconoce toda la fuerza aérea con la autoridad que le ha sido conferida y se mueven a solitud de esa voz para auxiliar a las fuerzas terrestres para reducir la fuerza enemiga y que sea efectivo el ataque contra el enemigo.

Todo esto es en el plano físico material, pero viene del mundo espiritual; por eso dice la Biblia que todo lo que atemos en la Tierra, será atado en los cielos y lo que desatemos en la Tierra, será desatado en los cielos.

LA INTERDICCIÓN MILITAR

1. Presionar al enemigo para que deponga las armas.

2. Las medidas de interdicción son de represalia, embargos y decomiso de armas dentro de un conflicto para que no llegue a mayores proporciones.

3. No solamente es neutralizarlos, sino también desarmarlos; esto es lo que el Señor te proporciona en guerra espiritual, lo establecido por El dentro de este panorama, siempre dará resultado, pero es necesario que tengas la fe necesaria en el Señor Jesucristo.

Las interdicciones funcionan en ambos reinos, tanto en el reino de Dios como en el reino de las tinieblas; Dios puede enviar ayuda cuando estas en medio de una liberación, pero también los espíritus inmundos pueden pedir ayuda y si encuentran una puerta abierta a causa de estar batallando sin haberte preparado como es debido, no solamente en equipamiento, sino en una vida santa delante de Dios y buscando siempre hacer lo correcto y alejándote del mal; pero si no has hecho eso; los espíritus de las tinieblas que llegan a auxiliar a los de su bando, entrarán y te podrían debilitar. Por eso es muy importante ser un receptor activo de Dios donde El manifestará Su poder, pero no porque sepas de memoria lo que se debe hacer, sino porque has sabido valorar lo que Dios te ha confiado y vives en santidad, como una persona de confianza de Dios.

Pero si de pronto caes en una monotonía y quieres vivir de apariencias; debes saber que no estás apto para la tarea de un ministerio de liberación, es más, si quieres jugar con lo que no tienes, puedes hacerlo, pero también debes saber que perderás la batalla. Por eso no puedes hacer las cosas en forma mecánica y darte el lujo de perder esa conciencia.

He tenido la experiencia de ver muchas cosas, como el hecho de atar de manos y pies a la Tierra, a personas que están endemoniadas, y sin que les toque las manos y pies, quedan atadas sin poderse movilizar por la interdicción que está operando en ese momento, las huestes que llegan de parte de Dios para auxiliarme, reconocen mi voz y actúan a favor de lo que digo; eso es interdicción. Cuando voy a la batalla, debo estar consiente que esas huestes de parte de Dios, están en aquel mismo lugar, así como también los que están auxiliando a los espíritus inmundos, pero ellos no alcanzarán su propósito si estoy debidamente preparado, si estoy en el orden de Dios.

Observa en la Biblia un ejemplo a este respecto:

2 Reyes 6:15-17 LBA

15 Y cuando el que servía al hombre de Dios se
levantó temprano y salió, he aquí que un
ejército con caballos y carros rodeaba la ciudad.
Y su criado le dijo: ¡Ah, señor mío! ¿Qué
haremos? 16 Y él respondió: No temas, porque
los que están con nosotros son más que los que
están con ellos. 17 Eliseo entonces oró, y dijo: Oh
SEÑOR, te ruego que abras sus ojos para que
vea. Y el SEÑOR abrió los ojos del criado, y
miró, y he aquí que el monte estaba lleno de
caballos y carros de fuego alrededor de Eliseo.

La estrategia de interdicción te lleva a ser consciente de la presencia de entidades en el ambiente. El criado vio entonces los ejércitos que estaban a favor de ellos; pero más interesante aun es que el manto del Profeta Elías en poder del Profeta Eliseo, según los Diccionarios bíblicos, esa palabra **MANTO**, traducida de un término hebreo, significa: **un chaleco de gloria**; dicho en otras palabras, eso simboliza la unción que te han puesto, el asignamiento que hoy tienes de parte de Dios, la delegación adquirida, el manto que te han extendido; pero con el Profeta Eliseo lo que significaba era que las huestes de gloria debían seguir al que tenía puesto el chaleco de gloria y debían auxiliarlo cuando él se los solicitara. Esa especie de chaleco es el que Dios te ha puesto para que Sus huestes de gloria actúen en el momento que se los solicites; porque obviamente que si tienes un poder delegado por Dios, es para poderlo usar y no para tener un cúmulo de notas sin vida; lo que escribes toma vida cuando lo pones por obra.

Tampoco estoy diciendo que ahora que estás siendo revestido con una armadura especial para que te identifiquen las huestes de gloria de Dios; vayas a buscar a Satanás y que lo llames a la batalla; sino para el momento cuando debas salir a pelear, puedas hacerlo con la seguridad que no estás solo, sino que debes estar consciente de las huestes que Dios envía a favor tuyo, las cuales siempre serán más que los que están en contra tuya. Por eso creo necesario describir lo que es un principado:

Principados

1. La palabra PRINCIPADOS es igual

que cabeza (concepto Hebreo).

2. Los principados son las entidades de mayor rango en la jerarquía militar (Efesios 6:11 – principados, gobernadores, autoridades, huestes).

3. Principados y cabezas refiere a estrategias, son entendidos en la batalla, proveen del plan de operación. Dentro de las tinieblas, se respeta mucho al principado, por ejemplo: Belcebú, el príncipe de demonios.

ESTRATEGIAS

Proviene del idioma griego con el término stratos, que significa "ejército", y agein, que significa "conducir", "guiar". Se aplica en distintos contextos, por ejemplo:

- Una estrategia es un conjunto de acciones planificadas sistemáticamente para lograr determinada misión. Es la cabeza de una estructura o de un sistema.

Continúo describiendo acerca de los principados: según el Diccionario Strong, es una palabra identificada bajo el número G746 se pronuncia ARCHES, su nombre está enfocado a que sean identificados como los primeros en haber sido creados. Fueron parte de los primeros ciclos biológicos creativos de Dios, lo primero que Dios creó cuando estaba creando espíritus; son los primeros en turno, rango, tiempo y lugar; por eso su nombre es **PRINCIPADOS**. Pueden poseer regiones físicamente, países y continentes enteros, obviamente también poseen a una persona por cuanto tienen el poder para hacerlo en cualquier momento si ellos así lo quisieran o adquieren el derecho jurídico.

Operaciones Del Principado – Estrategias

1. Las operaciones del principado pueden ser en los niveles macro, pero también en lo micro.

2. Por eso es que ocupa regiones individualizadas como el alma y la mente, aunque también donde encuentra un receptor que tenga atmósfera para establecer su dominio y toman continentes enteros.

3. Son estrategas militares, son guerreros que están adiestrados para destruir, por eso saben de estrategia militar con lo cual se convierten en cabezas de estructuras para atacar a la Iglesia de Cristo. Por eso cuando se habla de estructuras o jerarquías, puedes ver en la Biblia que al Señor Jesucristo lo identifican con un príncipe o una cabeza, como un principado de todos los principados y aun sobre las tinieblas por cuanto no hay nada que pueda enfrentarlo. Por eso, el que se acerque a Él con un corazón dispuesto a ser cambiado y esforzado en ser como Jesús, alcanzará a tener poder.

Aunque parezca compleja esta entidad, es vencida si aplicas correctamente los principios.

Colosenses 2:15 BDN

Habiendo despojado a los principados y potestades, los exhibió en público llevándolos en su cortejo triunfal.

Colosenses 2:15 RVR1960

y despojando a los principados y a las potestades, los exhibió públicamente, triunfando sobre ellos en la cruz.

ENTRANDO AL NIVEL DE LA CONFRONTACIÓN

Entonces, partiendo de esto puedo decir que, si alguien logra entrar en el nivel de confrontación de principados, es porque ha logrado adquirir el conocimiento que lo CALIFICÓ para poder confrontar estas entidades. **No es lo mismo confrontar**, porque confrontar potestades es una situación extremadamente delicada, porque no es lo mismo confrontar **huestes**, confrontar **gobernadores**, a confrontar un **principado**. El hombre o mujer de Dios que esté siendo usando en las manos de Dios para ese efecto, tuvo que haber progresado en su caminar respecto al conocimiento que necesita de guerra espiritual.

Operaciones Del Gobernador – Jurídicas

Según el Diccionario Strong es la palabra G2888 y su pronunciación es **KOSMOKRATOR**.

1. El segundo lugar en rango o segundo ciclo creativo de Dios.

2. Ponen en práctica lo diseñado por los PRINCIPADOS siguiendo sus ideales.

Especialidad:
Leyes espirituales.

1. Saben bien que una batalla espiritual se define precisamente por el régimen de derechos.

2. Utilizan el momento de la violación de determinadas leyes; principios que los hijos de Dios no reconocen. Ahí es cuando los gobernadores solicitan intervenir, se sienten con derechos porque cometieron una falta.

OPERACIONES JURIDÍCAS DEL GOBERNADOR

¿De qué leyes estoy hablando?

Romanos 7:21-23 LBA

21 Así que, queriendo yo hacer el bien, hallo la
ley de que el mal habita en mí. 22 Porque en el
hombre interior me deleito con la ley de Dios, 23
pero veo otra ley en los miembros de mi cuerpo
que hace guerra contra la ley de mi mente, y
me hace prisionero de la ley del pecado que está
en mis miembros.

1. **La ley de la habitación del mal: propenso a todo mal.**
2. **La ley de la mente: mentalidades**

formadas desde la niñez.

3. La ley de los miembros: códigos en los miembros del cuerpo.

4. La ley del pecado: cosas que mantienen ataduras.

Operaciones De La Autoridad – Niveles

Esta palabra está identificada bajo el número G1849 y se pronuncia EXOUSIA.

1. Se caracterizan en su función de tinieblas, por niveles de autoridad que les ha sido entregada; esta es la función de la exousia.

2. La autoridad viene a ser como el vehículo que manifiesta el poder; por eso es importante la delegación y reconocer autoridad. Aunque alguien pretenda ser mayor que su maestro, no debe ni pensarlo porque ese pensamiento estará llegando por lo que ven sus ojos naturales, porque si viera el respaldo de parte de Dios, nunca lo volvería ni a pensar. Además, debes saber que cuando

te ascienden de nivel, igualmente llegará un agente de las tinieblas, mayor que el anterior.

3. Los principados y los gobernadores necesitan del poder que la EXOUSIA ejerce.

Especialidad:

Saben discernir los niveles de autoridad que tiene su objetivo, si es más poderoso, saben esperar hasta que descienda o potencializan el nivel a manera que sea mayor el ataque.

En otras palabras, saben medir las fuerzas del oponente:

1. **Nivel de unidad (8 espíritus).**
2. **Nivel de centuria (10 unidades o 80 a 100 espíritus).**
3. **Nivel de una corte (6 centurias o 480 a 600 espíritus).**
4. **Nivel de legión (10 cortes o 4800 espíritus hasta 6826).**
5. **Nivel de ejército (arriba de los 6 a 10,000 espíritus).**

Puedes alcanzar a tener autoridad a nivel del ejército, pero si vas progresando en la autoridad, esto debe estar ligado al reconocimiento de autoridad; este es un principio que no puedes dejar pasar por alto en guerra espiritual porque aquí es donde más se respetan los niveles de autoridad delegada. Por eso, cuando sientas que estás subiendo de nivel, debes saber que tu cobertura espiritual, está subiendo más, no puedes decir que estás alcanzando su nivel y que pronto serás igual, porque cuando subes de nivel, él sube más aun; sabiendo entonces que esto no es una competencia, sino que todo esto depende de Dios, de tal manera que si respetas esos principios, no caerás en medio de la batalla, sino que siempre saldrás victorioso o victoriosa porque entonces no te cambiarán de diablo fuera de tiempo; siempre serás diestro.

En caso contrario, si por alguna razón no se respetan esos principios, los gobernadores estarán pendientes de ver cuándo o en qué momento se comete una falta y entonces llegarán con el derecho que les compete, solicitando la intervención contra tu vida. Dios lo ve y lo autoriza con el propósito que aquellas faltas sean corregidas y que en su momento regreses al mismo lugar, pero sin faltas y que levantes en el nombre de Jesús como un verdadero guerrero de luz.

Huestes De Maldad – Cadenas De Operación

Según el Diccionario Strong, HUESTE está identificado bajo el número G4151 y se pronuncia PNEUMA y la palabra MALDAD del número G4190 la cual se pronuncia PONEROS.

- Una de sus características es que tienen diferentes operaciones según el nombre genérico que los identifica, por ejemplo: espíritu de maldad, espíritu de enfermedad, espíritu de pornografía etc.

Especialidad:
Su forma de operar es en cadena, eso los convierte en los más activos, utilizan nombres genéricos, por ejemplo: espíritu de esclavitud, hace de la gente, esclavos, pero tiene su estructura de operación. Los nombres propios son solamente para principados.

ESTRUCTURA DEL ESPIRITU DE ESCLAVITUD

1. Alcoholismo
2. Drogadicción
3. Tabaquismo
4. Anorexia

5. Bulimia
6. Manipulado
7. Codependencia
8. Adicto al sexo
9. Adicto al trabajo
10. Adicto a comprar
11. Adicto a la TV
12. Adicto a fármacos
13. Adicto a la pornografía

Efesios 6:12 AMPLIFICADA

Porque no luchamos con carne y sangre (contendiendo solamente con oponentes físicos), pero contra los despotismos, contra los poderes, contra (los espíritus que son maestros o expertos) los gobernantes mundiales de esta oscuridad presente, contra las fuerzas espirituales de maldad en la esfera celestial (sobrenatural).

Esta clase de espíritus mantienen su estructura sin salirse en ningún momento, porque son autodestructibles en el momento cuando muestran vestigios de una rebelión; el reino de las tinieblas no admite divisiones, pero opera en división.

Conocer sus operaciones te hará ser más efectivo y preciso contra lo que vas a confrontar en orden de auxiliar a los hijos de Dios que precisen de liberación.

LAS CONFRONTACIONES

1. Poner una cosa frente a otra para averiguar la verdad o falsedad de ambas.
2. Poner una cosa o a una persona frente a otra por oposición o enfrentamiento: confrontarse con un problema.

SINONIMO:
Enfrentar.

1. Poner frente a frente cosas o personas.

2. Hacer frente a un problema, una dificultad o una situación adversa...

Hechos 25:16 LBA

Yo les respondí que no es costumbre de los romanos entregar a un hombre sin que antes el acusado confronte a sus acusadores, y tenga la oportunidad de defenderse de los cargos.

3. Es decir, confrontar a los principados es defenderte de los cargos, de las acusaciones y los ataques demostrando tu **INTEGRIDAD**.

La Revelación de los Nombres

Marcos 5:9 LBA

Y le preguntó: ¿Cómo te llamas? Y él le dijo : Me llamo Legión, porque somos muchos.

DE DÓNDE VIENEN LOS NOMBRES

1. Hay nombres que se encuentran en la Biblia A.T.; N.T; y en otras fuentes de investigación.

2. Otros son tomados a través de información en las confrontaciones

(información).
Cuál es tu ONOMA #3686 significa: Nombre propio, universal, define el carácter o autoridad...

3. #3003 Legión o regimiento, Somos muchos (6826).

LA DEGRADACIÓN Y SUS NUEVOS NOMBRES

La degradación de estos seres espirituales dio lugar a que sus nombres fueran sustituidos y se les diera, según sus hábitos, un nuevo nombre como forma de identificación.

EL DESTINO AL EXPULSARLOS

La diferencia entre los principados y las huestes:

1. Los principados de las tinieblas son enviados a los pies de Cristo, porque son glorias caídas.

Efesios 1:21-22 LBA

21 *...muy por encima de todo principado, autoridad, poder, dominio y de todo nombre que se nombra, no sólo en este siglo sino también en el venidero.* 22 *Y todo sometió bajo sus pies, y a Él lo dio por cabeza sobre todas las cosas a la*

iglesia...

2. Las huestes de las tinieblas son espíritus que deben ser enviados al abismo.

Mateo 8:32 LBA

Entonces Él les dijo: ¡Id! Y ellos salieron y entraron en los cerdos; y he aquí que la piara entera se precipitó por un despeñadero al mar, y perecieron en las aguas. (Figura el abismo).

Por esa razón el arcángel Miguel no maldijo a Satanás.

En los textos hebreos explica que, Asmodeo aparece como un miembro de una de las jerarquías más altas que cayó. Los textos dicen que pertenecían a la jerarquía de serafines.

Para entender su estrategia de operación se necesitan conocer las características de este enemigo.

Recuerda que la escritura dice:

2 Corintios 2:11 VMP

...a fin de que Satanás no gane ventaja alguna sobre nosotros; porque no estamos ignorantes de sus ardides.

Asmodeo

1. Dentro de círculo religioso comienza a darse a conocer por medio del canon católico.
2. Es un demonio, que aparece en el libro de Tobías.
3. Es mencionado en el Talmud y en los tratados de demonología.
4. Su origen se halla en la religión mazdeísta (Zoroastrismo) de los persas.
5. Entra en escena a la historia del judaísmo durante el tiempo en el que este pueblo se halló bajo la dominación Persa (s. VI a. C), y más tarde, pasaría al cristianismo, pero fue en la era antigua aparentemente en el siglo II AC.

6. Asmodeo es el príncipe de la venganza y el protector de los homosexuales masculinos, debido a que su naturaleza sexual es de seducción y de transformación.
7. Se le presenta como símbolo del deseo carnal.
8. "Asmodeo" se deriva de "ashma-daeva" en el idioma avéstico, palabras que se traducen como "ira-demonio". (El avéstico es una de las dos antiguas lenguas iraníes, junto con el antiguo Persa).
9. Esta entidad es conocida en distintas culturas, razón por la que tiene varios nombres como: "Chammaday", "Asmodeus", "Asmodaios", "Asmoday", "Ashmadia", "Asmodée" en francés, y "Asimodai" en rumano, entre otros más.
10. En el contexto de la historia del cristianismo, este demonio era adorado por las brujas de la Edad Media.

¿QUIÉN ES ASMODEO?

Principado de:

1. Del deseo desenfrenado o carnal
2. De la venganza
3. De la ira
4. De la lujuria

5. De la seducción
6. Está en el rango 32 de la lista de demonios poderosos
7. Comanda una cadena de operación de 72 legiones de espíritus

Una entidad con varios rostros y torso de un humano, además de que cabalga en un dragón portando una lanza y tiene 3 cabezas:

1. Carnero
2. Toro
3. Ogro

Figuras todas asociadas comúnmente con lo licencioso.

En el Diccionario Infernal escrito por Collin de Plancy, Asmodeo también tiene piernas de gallo, un ave conocida por su vigor sexual, además posee una cola de serpiente y cabalga en un león con cuello y alas de dragón, criaturas que están asociadas con el deseo y venganza.

LA ESTRUCTURA DE OPERACIÓN DE ASMODEO

Su cadena de operación está constituida de las siguientes huestes:

1. Lujuria
2. Concupiscencia
3. Sexo desordenado
4. Masturbación
5. Prostitución
6. Bestialismo
7. Abusos
8. Lesbianismo
9. Homosexualismo
10. Fornicación
11. Adulterio
12. Divorcios
13. Viudez

Esta es una época de abundantes divorcios producto de la infidelidad sexual, donde Asmodeo está detrás de esos problemas, de manera que hay una guerra espiritual contra ese principado.

ASMODEO PRINCIPADO EN CONTRA DEL MATRIMONIO

Asmodeo es el autor de los divorcios por causa de adulterios.

- Si alguien desea saber qué principado está detrás de los ataques matrimoniales; este es ASMODEO.

A manera de referencia solamente:

Tobías 3:8

Porque había tenido siete maridos, y un demonio llamado Asmodeo les había quitado la vida al tiempo de querer acercarse a ella.

TOB 3:17 BJ3

...y librarla de Asmodeo, el demonio malvado...

- La Biblia Jerusalén dice que su nombre significa "El que hace perecer".
- Mataba a los hombres antes de la consumación del matrimonio.
- Enemigo de la unión conyugal, en el judaísmo se le ha relacionado con Aesma, uno de los demonios del lado místico.

- Asmodeo un principado de carácter mundial.

ASMODEO DENTRO DE LA BRUJERÍA ES LLAMADO "LARZ"

1. "Larz – Demonio de la lujuria sexual, adulterio y otros placeres sexuales."
2. "Larz - es el autor de cercenar el sistema de valores, espiritual, moral y conciencia."
3. Larz es un principado que tiene fuerte influencia en "LATINOAMÉRICA".
4. Uno de sus más grandes éxitos es el sexo ilícito, esto es muy crucial para la brujería.
5. Una persona involucrada en el sexo ilícito es muy vulnerable a la brujería.

En la brujería, cuando una persona es invitada a convertirse en brujo o bruja, primero son "invitados" a una gran fiesta, donde el alcohol y las drogas son consumidas libremente y el sexo está disponible para quien lo quiera y de la forma que lo quiera.

El alcohol, drogas, y el sexo ilícito sirven como

la materia prima para ASMODEO. Esto es necesario para que la brujería de un brujo en contra de alguien tenga efecto, tanto el brujo como el embrujado tiene un receptor y un emisor.
Continuará con el volumen 3 de "equipamiento integral para combatientes de liberación."

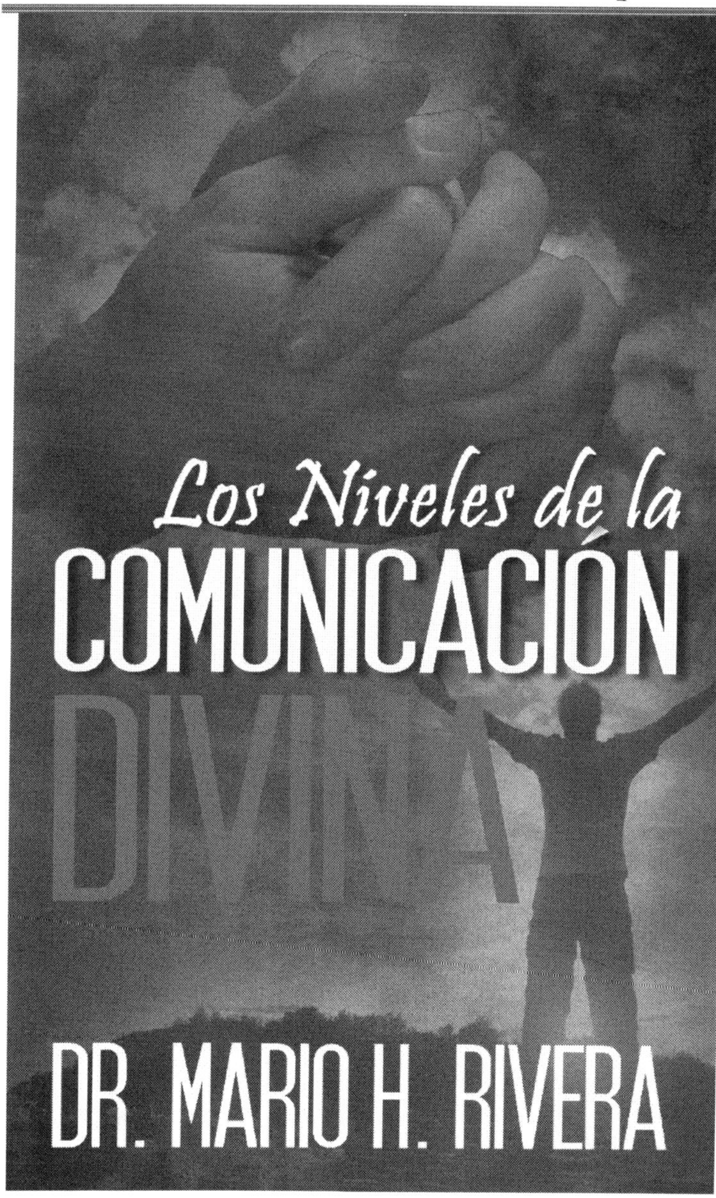
Los Niveles de la
COMUNICACIÓN
DIVINA
DR. MARIO H. RIVERA

Otras Obras de Llamados a Conquistar

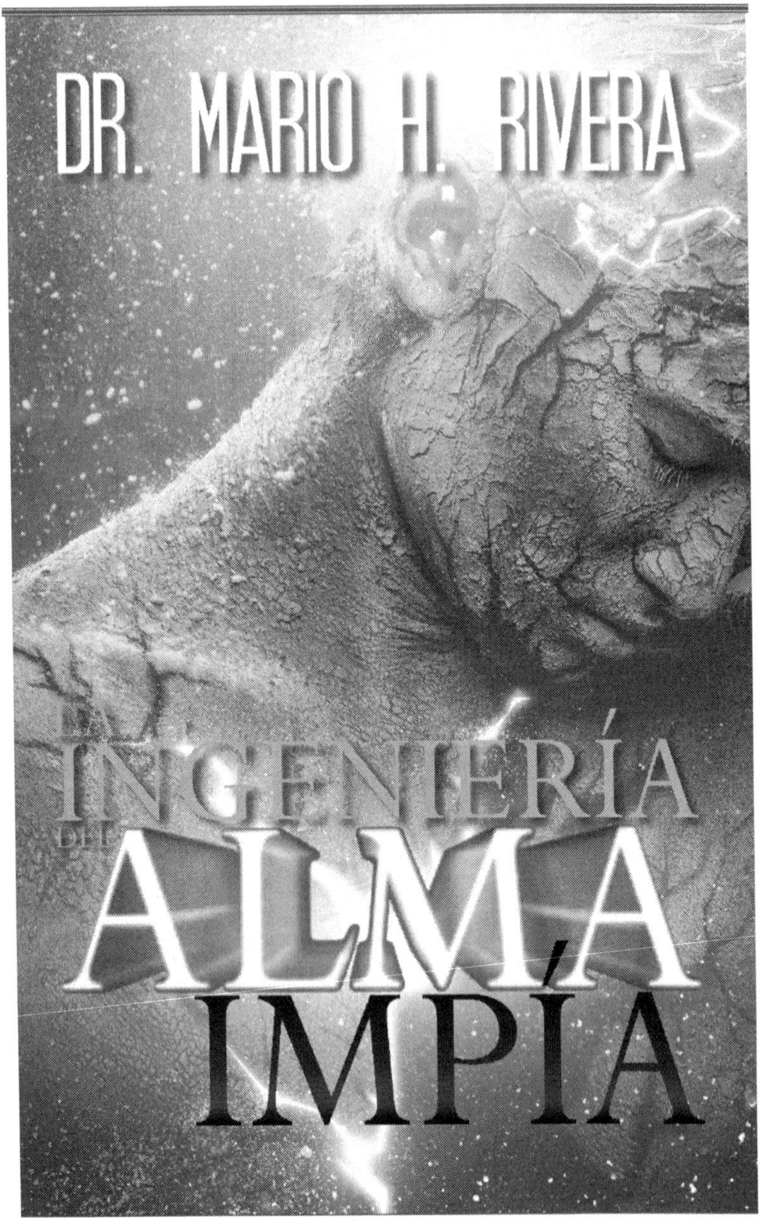

Otras Obras de Llamados a Conquistar

Otras Obras de Llamados a Conquistar

DESTRUYENDO LAS HERRAMIENTAS
ARCAICAS
DE LAS TINIEBLAS
DR. MARIO H. RIVERA

Otras Obras de Llamados a Conquistar

MODUS
OPERANDI
DE LAS
TINIEBLAS
DR. MARIO H. RIVERA

Otras Obras de Llamados a Conquistar

Otras Obras de Llamados a Conquistar

Otras Obras de Llamados a Conquistar

Jacen practice

Field 2 6pm 9/1

Field 2 6pm ↗ 9/9

Field 2 6pm Friday 9/18

Field 2 6pm 9/20

Field 4 6pm 9/28

Jacen Game

9/11 9am

9/18 12:45

9/25 12:45

Routing 253177049

Acct 92485294

96795480R00170

Made in the USA
Columbia, SC
05 June 2018